출판을 감사드리며

이 길을 걸어갈 수 있도록 함께해 준 사랑하는 가족들,

항상 용기와 응원을 보내 준 친구들과 지인들에게 감사드리며

지금도 녹색의 숲길을 함께 걸어가고 있는

허벌리스트들과 은사님들에게 이 책을 드립니다.

심미영, 배경옥, 강선호, 윤서영, 김형신, 방주연, 남미영

허벌리스트 이야기

허벌리스트 이야기

Copyright © 2018 by Phyto Design Institute of Korea & HanKook DynaFuture Co.

All rights reserved including the right of reproduction
in whole or in part in any form. All rights © 2018 by HanKook DynaFuture Co.
This edition published under LAEHNAMUH, the brand of HanKook DynaFuture Co.

이 책의 모든 저작권은 작가와 독점 계약한 ㈜한국다이너퓨처와 파이토디자인 연구소에 있습니다.
저작권법에 의하여 한국 내에서 보호를 받는 저작물이므로 무단 전제와 무단 복제를 금합니다.

7人 7色의 국제 허벌리스트가 들려주는
삶의 소소하고 확실한 행복 이야기

허벌리스트 이야기

파이토디자인 연구소 지음

라에나무

차 례

허벌리스트에 대하여   09

첫 번째 이야기   "씨 뿌리는 사람들"   15
                사과(Apple), 청춘을 품다
                씨 뿌리는 사람들
                피버퓨(Feverfew), 회색빛 도시를 비추다
                레드우드(Redwood), 공존의 달인

두 번째 이야기   "나는 엄마이니까"   43
                아버지의 옥수수
                마더워트(Motherwort), 어머니를 위하여
                나는 엄마이니까
                성공한 여자, 유능한 엄마

세 번째 이야기   "히솝(Hyssop)이 지나가다"   77
                다 함께 차, 차, 차
                기다림의 미학(美學)
                히솝(Hyssop)이 지나가다

네 번째 이야기	"사람일까 동물일까"	101

내 친구 치엘로
장미와 강아지
사람일까 동물일까
인디언 형제

다섯 번째 이야기	"겨울에 봄을 만나다"	131

단순함이 아름답다
겨울에 봄을 만나다
허브와 나비효과

여섯 번째 이야기	"절반의 허브"	151

내 남자의 선물
절반의 허브
내 삶을 바꾸는 세가지

일곱 번째 이야기	"그나마 다행이야"	173

칙위드(Chickweed), 초록의 샛별
내 나이가 어때서
누구를 위한 카페인가
그나마 다행이야

허벌리스트(Herbalist)에 대하여

누구나 하고 싶은 일을 하며 살고 싶어 한다. "네가 하고 싶은 것을 하며 살면, 그것이 행복이야." 우리가 자주 듣는 말이지만, 그 첫걸음을 내딛기가 말처럼 쉽지는 않을 것이다. 가보지 않은 낯선 길에 대한 호기심만큼, 망설임과 두려움도 클 것이기 때문이다.

허벌리스트의 길이 그렇다. 한국에서는 아직 낯선 길이지만 원하는 삶을 살고자 하는 사람들에게는 도전의 길이기도 하다. 그만큼 매력적인 직업이기 때문이다. 허벌리스트는 식물을 이야기한다. 식물이 감추고 있는 보석 같은 가치들을 하나씩 꺼내어 사람들과 나누는 일을 한다. 자연은 사람을 위해 숲에 소중한 보물 상자를 숨겨 두었다고 말하는 어느 철학자의 말을, 있는 그대로 증명해 내는 직업이다. 허벌리스트는 수천 년 인류의 역사와 함께 해온 가장 오래된 전문 직업 중의 하나이다. 지금도 해외 인터넷에 허벌리스트를 검색해보면 수많은 자료가 넘쳐나며, 유럽과 미주, 오세아니아를 여행하면서도 쉽게 허벌리스트들을 만날 수 있다.

허벌리스트가 국내에 처음 소개된 지 올해로 꼭 10년이 되었다. 뉴질랜드 아이즌 심(Eisen Shim) 교수를 통해 허벌리스트는 한국에 전해지고, 허브(Herb)라는 식물의 가치는 다시 정의되었다. 그때까지만 해도, 허브는 향기 나는 식물로만 알려져 그 활용 가치가 매우 제한적이었기 때문이다. 요즘 우리가 인터넷이나 대중매체를 통해 자주 접하는 메디컬 허브(Medical Herb), 파이토테라피(Phyto Thearpy), 파이토 케미컬(Phytochemicals)등의 단어들도 모두 그 첫걸음의 열매이다.

국내에 허벌리스트가 처음 소개되었을 때에는 웃지 못할 오해와 편견들도 있었다. 어느 다단계 회사의 이름과 유사하다고 오해를 받기도 하고, 허브를 키우고 재배하는 원예전문가나 화훼전문가로 바라보는 시선도 많았다. 하지만 허벌리스트라는 직업의 명확한 정의는 '식물성 자원의 가치를 활용하여 제품과 서비스를 디자인하는 전문가'이다. 매우 창의적인 전문 직업으로서 파이토 디자이너(Phyto Designer)라고도 불린다.

허벌리스트가 되기 위해서는 반드시 공인된 협회나 기관이 주관하는 교육과정과 자격시험을 거쳐야 한다. 아쉽지만 허벌리스트라는 직업을 주관하는 국내 기관은 없다. 직업의 특성상 서양의 허브문화(Herbalism)와 독특한 전문 교육과정(Professional Education System)을 기초로 하는 까닭이다. 일본에도 유사한 허브 관련 교육과정이 있으나 허벌리스트 자격과정을 제공하지는 않는다. 허벌리스트 교육은 영국과 독일을 중심으로 하는 유럽, 미국, 호주와 뉴질랜드 등의 국가들이 주관하고 있으며, 간혹 해외 교육기관에서 인터넷 온라인으로 자격과정이 제공되기도 하지만 추천하고 싶지는 않다. 허벌리스트는 허브에 대한 지식이나 활용법만을 배우는 과정이 아니라 자연에 대한 철학적 사고 훈련도 필요로 하기 때문이다. 특히 허벌리스트 중에서도 뉴질랜드 GMANZ 협회 허벌리스트를 국제 허벌리스트(International Herbalist) 라고 부른다. 현재 국내에서 활동하는 허벌리스트가 이들이다.

2018년, 현재 허벌리스트의 위상은 이전과 크게 달라져 있다. 천연 식물성 원료를 사용하여 건강제품이나 화장품을 제조 판매하는 기업들의 관심이 커지고 있기 때문이다. 자사의 임직원들에게 식물 자원과 허브 활용에 대한 교육을 맡기기도 한다. 나 역시 최근에는 국내 대기업에서 새롭게 출시되는 천연 식물성 화장품의 인력개발 교육을 진행했으며, TV 공중파 방송 프로그램의 출연요청을 받아 새로운 허브의 가치와 그 활용을 나누기도 했다. 청소년을 위한 전문잡지에서 인터뷰 요청을 받은 적도 있다. 독특한 직업군에 있는 전문가를 소개하는 코너로, 실제 직업 세계에 대한 이야기를 들려주는 것이다. 학생들에게 자신들의 진로를 결정하는데 도움을 줄 수 있다는 생각에 '허벌리스트'라는 직업을 소개하기도 했다.

개인적으로 허벌리스트라는 직업은 내 인생에서 가장 큰 전환점이었다. 식물이 좋았고 자연이 좋아서 이와 관련된 전문직을 찾고 있었던 때라, 망설임도 두려움도 적었던 것 같다. 하나하나 배워가는 식물의 가치와 활용법들이 신기했고 너무도 재미있었다. 물론 이 길을 걸어가는데 어려움과 장애물이 없었던 것이 아니다. 하지만 내가 하고 싶었던 일을 할 수 있다는 기쁨 때문에 그 어려움들을 넉넉히 이겨낼 수 있었던 것 같다. 국내 첫 번째 허벌리스트라는 명칭이 이제는 자랑스럽게 느껴질 정도로 나는 이 길을 사랑한다.

누구나 하고 싶은 일을 하면서 살고 싶지만 쉽지 않은 것은 아마도 결정의 순간이 필요하기 때문이리라. 여기 쉽지 않은 결정을 내리고 허벌리스트의 길을 걸어가는 일곱 명의 허벌리스트가 한자리에 모였다. 마치 일곱 색깔의 무지개와 같이 저마다의 삶 속에서 풀어내고 싶었던 이야기들, 나누고 싶었던 이야기들을 담고 있다. 7인의 허벌리스트가 담아낸 일곱 색의 이야기, 삶의 소소하고 확실한 행복의 이야기들이 하나의 수필집이 되어 출간되었다. 그리고 그 출간을 내가 도울 수 있다는 것에 감격이 벅차오른다. 너무도 감사하고 기쁜 일이다.

　책을 출간하며 머리글을 써 달라고 부탁을 받았다. 이 글을 읽을 독자들에게 무엇을 이야기할까 고민이 되었는데, 7인의 허벌리스트가 전하는 자신들의 삶의 이야기에 내가 더 추가할 내용이 보이지 않는다. 이 글을 읽는 독자들이 일곱 명의 허벌리스트들과 함께 초록의 길을 산책할 수 있다면 좋겠다. 그 길을 떠나기 전 독자들에게 먼저 허벌리스트가 누구이며 무엇을 하는 사람인지 가장 기본적인 이해를 돕는 것이 독자들을 위하여 내가 할 수 있는 최선이 아닐까 생각한다. 그들과 함께 식물과 자연 그리고 자신의 삶과 행복에 대하여 이야기하는 시간이 되었으면 좋겠다.

유선옥, 국제 허벌리스트
㈜한국다이너퓨처 대표

첫 번째 이야기

씨 뿌리는 사람들

"정성스레 씨앗을 심고, 그 싹을 틔우고 싶다.
삶을 변화시키는 감사의 결실도 기다려진다.
나의 꿈, 초록으로 물결치는 꿈의 밭에서,
내가 심은 허브들의 그윽한 향들이 바람에 실려
누군가에게 선물이 되어 주길 바라며"

심 미 영

국제 허벌리스트이며 미술 작가로서, 프랑스와 한국에서 작품 활동을 하고 있다.
현재 그린와이즈 아뜰리에를 통해 예술과 자연 그리고 건강을 주제로
다양한 강연과 창작 활동을 펼치고 있다.

사과(Apple), 청춘을 품다

흑사병, 죽음의 전염병이라 불리는 페스트(Pest)가 창궐하여 지중해의 푸른빛마저 쇠퇴한 과거 프랑스. 웬일인지 전염병에 옮지 않고 온 도시를 누비며 약탈을 일삼다 체포된 4명의 도둑이 법의 심판을 받게 됐다. 마르세유의 법정은 4명의 피고와 이들을 보기 위해 모여든 많은 인파로 술렁거렸다. 군중들의 소란함을 제지하며 판사가 말을 이어갔다.

"너희들이 어떻게 무서운 전염병에 걸리지 않고 살아남을 수 있었는지 사실대로 고한다면 목숨만은 살려주겠다. 어찌하겠느냐?"

이윽고 4명의 피고는 목숨을 건 진술을 시작했다.

"예. 소상히 말씀드리지요. 저희는 도둑질 하러 가기 전에 식초를 온몸에 뿌렸습니다. 우연히 전해 들은 비문을 통해 라벤더와 로즈마리, 세이지 등의 허브를 식초에 우려내 수시로 몸에 바르면 역병을 막아 줄 거란 말을 믿었습니다."

도둑들의 영업 비밀을 밝히는 조건으로 형량 거래를 시도하였다는 '4인의 도둑 식초'(Vinaigre des quatre voleurs)에 얽힌 이야기다. 4인의 도둑 식초는 현재 여러 가지 버전으로 전해지고 있지만, 이야기의 핵심은 식초의 다양한 역할 중 탁월한 항균과 면역 효과에 대해 강조하고 있다는 것이다.

식초의 어원은 '신맛의 포도주'라는 의미에서 시작되었다. 과일이나 곡물 등을 발효시켜 만든 액체, 식초는 시간의 과학이 빚어낸 식품으로 허벌리스트의 제품 디자인에 자주 등장하곤 한다. 그 역사도 오래되어 고대 국가부터 식품의 보존제로 사용되었다는 기록은 수많은 문헌을 통해 알 수 있으며, 음식의 맛을 더하는 것은 물론 미용과 의약품의 원료로도 사용되어 왔다. 고대 의학의 아버지 히포크라테스가 치료제로 사용했던 '옥시멜(Oxymel)'과 로마시대 전장에서 군인들의 건강을 지키기 위해 마셨다는 로만 포스카(Roman Posca)'등도 모두 식초를 주원료로 하며, 허벌리스트가 자주 활용하는 건강 음료이다. 최근에는 그 쓰임새가 더욱 다양해지면서 오늘날 우리에게 익숙한 샐러드의 드레싱이나 칵테일 형식의 건강 음료를 만드는 재료로도 폭넓게 사용되고 있다.

그렇다면 허벌리스트가 추천하는 최고의 식초는 무엇일까? 주저 없이 그것은 천연 사과식초 (Apple Cider Vinegar)라고 말할 수 있다. 사과를 알코올 발효시킨 뒤 숙성과정을 거쳐 만든 훌륭한 식품이며 다양하게 활용할 수 있는 원료이기 때문이다. 최근 관심이 커지고 있는 푸드테라피(Food therapy) 분야에서도 식초가 건강을 위한 주요 식품원료로써 관심을 받고 있으며, 다양한 관련 상품들도 출시되고 있는 것을 보게 된다. 천연 사과식초는 그럼 어떠한 가치를 가지고 있을까?

사과식초가 지니고 있는 가치는 다양하지만, 그중에서도 천연 사과식초에 풍부하게 함유된 대표적 미네랄 성분, 포타슘 (Potassium)을 생각해 볼 필요가 있다. 자연치유 전문가이며 의사인 파트리시아 브래그는 "포타슘은 청춘의 미네날이다"라고 말했을 정도로, 항산화 기능이 높은 영양소이다. 칼륨(K)이라고도 불리며 익숙한 듯 낯선 이름의 원소, 포타슘은 우리 몸의 수분과 전해질의 균형은 물론 혈압과 심장박동을 정상으로 유지하는 데 중요한 미네랄이다. 세포의 기능과 유지에 관여함은 물론, 몸속 노폐물 처리를 돕기도 한다. 하지만 현대인이 즐겨 마시는 카페인 음료가 이러한 포타슘의 배출을 높여, 그 역할을 방해하기도 한다. 나른함을 떨치기 위해 마신 커피가 오히려 피로감을 부추기는 느낌을 경험해본 적이 있을 것이다. 커피의 카페인 성분이 지니고 있는 이뇨작용으로 쉽게 전해질의 균형을 잃을 수 있기 때문이다.

　허벌리스트가 천연 사과식초를 추천하는 또 다른 이유는 사과 그 자체가 최고의 푸드테라피의 원료이기 때문이다. 특히 사과가 지니고 있는 영양성분과 파이토케미컬이라 불리는 식물성 유효성분들은 대부분 그대로 식초에 보존된다. 특히 천연 사과식초의 풍부한 말릭산(Malic acid)은 속 쓰림을 개선하는 데 도움을 주기 때문에 아침 음료 제품에도 많이 사용되고 있다. 물론 이미 위염이나 궤양 등의 질병이 있는 경우에는 주의가 필요하며, 전문가와의 상담이 필요하다.

　천연 사과식초는 건강한 음식의 원료로 사용되기도 하지만 아름다운 피부와 화장품을 위해 사용되기도 한다. 사과의 말릭산을 이용한 화장품이나 피부관리 제품들이 최근 많이 출시되고 있다. 이렇듯 그 활용 가치가 다양하기 때문에 허벌리스트는 먹는 음식이나 음료 제품은 물론 피부 건강을 위한 미용 제품을 디자인하는 데 폭넓게 사용하고 있다.

　하지만 최근에는 식초 제품이 만병통치약처럼 오용되거나 오

허벌리스트의 라벤더 천연 사과식초 활용법

- 천연 사과식초 2컵에 라벤더 30g과 잘게 썬 레몬 껍질 3tbsp을 넣고 2주 간 숙성시킨다. 숙성된 식초는 건더기를 걸러내고 사용한다.

- 냉장고 안에 완성된 라벤더 ACV가 있다면 신나게 즐길 차례! 지치고 피곤한 하루를 보냈다면 미네랄 워터 1컵에 라벤더 ACV 1~2 tsp과 꿀을 첨가해 음료로 즐겨보자. 예민한 신경을 진정시켜주고 싶을 때나 무기력한 하루가 느껴질 때 도움이 될 수 있다.

- 샐러드드레싱을 만들 때 라벤더 ACV를 사용하면 드레싱의 풍미와 영양도 높일 수 있다. 미쉐린 가이드의 별표 레스토랑 부럽지 않은 맛과 풍미의 향연을 느낄 수 있다.

- 허벌리스트가 추천하는 활용방법으로 천연 사과식초를 피부와 모발의 아름다움을 위해 사용해 보자. 샴푸 후 헹굼 물에 2 tsp 정도 희석하여 천연 헤어 린스로 사용하면 두피 건강과 모발의 윤기를 한 번에 챙길 수 있다.

- 얼굴을 맑게 해 주며 피지 밸런스의 균형을 잡아주는 스킨 토너와 여름철 자외선에 붉게 달아오른 피부를 위해 스킨 미스트의 원료로 활용해도 좋다. 피부가 마시는 식초, 특이하지만 매우 효과가 좋다. 냉장 보관하여 6개월 이내에 사용할 수 있다.

해를 일으킬 수 있는 광고 문구들을 접하면서 안타까움이 들기도 한다. 식초가 지니고 있는 가치를 상업적 수단으로 왜곡시키는 소수의 기업에게도 책임이 있겠지만, 소비자 역시 식초에 대한 올바른 이해가 필요할 것이다. 고객이 아는 만큼 기업의 변화를 촉구할 수 있기 때문이다.

　하루에 사과 하나면 의사가 필요 없다는 말이 있다. 잃어버린 청춘의 시기를 다시 느껴 볼 수 있을 만큼 놀라운 자연의 가치가 사과 하나에도 담겨 있다고 말할 수 있다. 자연이 인간에게 준 녹색 선물, 식물 자원은 그것을 사용하는 이의 현명함이 더해질 때 참다운 가치를 만들어 낼 수 있을 것이다.

7人 7色의 국제 허벌리스트가 들려주는 삶의 소소하고 확실한 행복 이야기

사과꽃

씨 뿌리는 사람들

아직 동이 트기 전의 이른 새벽으로 보이는 배경, 그리고 거친 경사의 밭고랑 위에서 우직한 몸짓으로 씨앗을 뿌리는 농부의 모습을 그린 작품이 있다. 서정적이고 목가적인 농촌 풍경을 주로 화폭에 담았던 장 프랑수아 밀레 (Jean-François Millet)가 그린 '씨 뿌리는 사람 (The Sower)'이다.

익숙하게 팔을 뻗어 대지 위로 생명의 손짓을 하는 농부의 역동적인 모습은 노동의 숭고함을 느끼게 한다. 이 그림을 떠올리면 지금도 같은 길을 함께 걸어가고 있는 친구들이 생각난다. 그림 속 농부처럼 묵묵히 자신의 길을 걷고 있는 사람들, 감사와 나눔의 씨앗을 뿌리며 내일을 준비하는 농부의 일상과 허벌리스트의 삶이 닮았기 때문이다.

미술 작가이며 국제 허벌리스트로 활동하고 있는 나는 자주 듣는 질문이 하나 있다. 어떤 계기로 허벌리스트라는 직업에 도전하게 되었는지 궁금해한다. 두 직업의 연결고리를 찾기가 쉽지 않은 모양이다. 몇 해 전, 건강에 적신호가 켜지며 인생에 커다란 고비를 맞았던 적이 있다. 누구든 아파 보면 인생에서 가장 소중한 것이 무엇인지 알게 된다는 말에 깊게 공감하던 시기였다. 내게 찾아온 변화들은 삶의 많은 부분을 달라지게 했다. 무엇보다 친환경, 천연 제품과 유기농 먹거리들 그리고 식단의 중요성과 숲을 거니는 여유의 소중함을 알게 되면서, 자연이 가진 경이로운 능력에 대한 관심도 높아졌다.

'자연(自然)'이라는 것을 제대로 배워보고 싶다는 소망이 생겨나며, 우연히 접하게 된 녹색 의학과의 만남은 내 삶의 색을 완전히 바꿔 놓았다. 자연을 공부하면서 초록의 식물을 떼어 놓고 생각할 수 없었다. 식물이 지니고 있는 놀라운 능력들과 그 가치들을 공부하면서 그동안 궁금해하던 질문들에 답을 찾아갈 수 있었다. 내 몸 하나 챙겨보자는 소소한 생각에서 시작한 공부는 자신의 건강은 물론 가족과 사랑하는 사람들에게도 도움을 줄 수 있다는 자부심으로 나를 성장시켰다.

국제 허벌리스트가 되었다는 나의 선언에 주변 사람들의 반응은 우려와 걱정 어린 충고가 대부분이었다. 허벌리스트가 무슨 일을 하는지도 모른 채 대뜸 "화가가 그림을 그려야지 다른 직업을 가지면 작품 활동에 방해가 될 수 있다"라고 하거나, 혹은 특정 다단계 제품을 판매하는 일을 하는 것이 아닌가 오해를 받기도 하였다. 황당함에 말문이 막힐 노릇이지만 어쩌겠나. 국내에 허벌리스트라는 직업이 소개된 것이 얼마 되지 않으니 주변의 이러한 반응도 충분히 이해가 되었다. 어쩌면 공부를 시작한 후 때와 장소를 가리지 않는 나의 열정적인 자연 예찬론에서 비롯된 웃지 못할 에피소드라 할 수 있다.

국제 허벌리스트는 지성과 인성의 산물이다. 식물에 대한 전문적인 지식만이 아니라 자연과 나의 관계를 새로이 정립해 나가는 성장 과정을 거치기 때문이다. 식물의 다양한 유효성분과 유효작용을 배우며 공부가 깊어질수록 자연의 참다운 가치에 눈을 뜨게 된다. 어린아이가 철이 들 듯, 이전에 미처 깨닫지 못했던 자연에 대한 감사함을 알게 되면 자연스레 나눔을 실천하게 된다. 식물의 가치는 수많은 제품으로 디자인되어 누군가의 아름다움과 건강을 위해 사용된다. 국제 허벌리스트를 파이토 디자이너(Phyto Designer)라고 부르는 이유가 바로 이것이다.

어떤 이는 국제 허벌리스트를 환경운동가로 보기도 한다. 이렇게 생각하는 것도 오해는 아니다. 지구상의 모든 생명체에게 식물은 생명의 근원이다. 국제 허벌리스트의 활동이나 비즈니스는 식물 없이는 불가능하다. 말로만 자연을 사랑하고 경외해서 될 일이 아니다. 이쯤 되면 누가 등을 떠밀거나, 열혈 그린피스가 아니어도 생태계 보호에 앞장서며 자연과의 공존을 고민할 수밖에 없다. 이것이 바로 식물을 대하고 환경을 생각하는 허벌리스트의 모습이다.

지금 되돌아보면 늦은 나이에 시작한 공부는 나를 참 많이 변화시켰다. 지금껏 살면서 귀한 줄 모르던 식물이 저마다의 가치로 존재하고 있음에 감사하게 되었고, 산책길에서 만나는 나무와 풀꽃에서 자연의 조화를 목격하기도 한다. 식물을 통해 삶을 바라보는 시각을 조율하고 나니 사람이든 식물이든 모든 인연에 감사할 뿐이다. 산책길의 풀 한 포기, 나무 한 그루 소중하지 않은 것이 없는데 하물며 우리네 한 사람 한 사람은 얼마나 귀한 존재인가? 넓고 복잡한 세상 가운데 일어나는 기적 같은 만남. 그중에서도 녹색의 여정에서 만난 보석 같은 인연들은 내 삶의 원동력이자 자양분이라 하겠다.

내게 찾아온 행복한 변화는 내 미래의 삶에도 영향을 주었다.

미술과 식물, 나는 두 영역을 넘나드는 하이브리드 역할을 자처하며 진정한 녹색 힐러(Healer)로 성장하는 꿈을 꾸기 시작했다. 한 잔의 티와 한 점의 그림이 우리의 삶에 미치는 효과가 있듯이 식물과 예술은 치유라는 놀라운 공통분모를 가지고 있다. 세상이 정해 놓은 무수한 경쟁과 압력에 시달리며 살아가는 수많은 삶을 만날 때면 앞으로 내가 가꿔 나가야 할 녹색지대를 그려본다. 식물과 예술을 통해 힐링과 건강을 전하는 치유의 공간. 아직 완성되지 못한 꿈일지라도 매일 밤 꿈을 꾸다 보면 이루어지는 그날이 내게 오리라 나는 믿고 있다.

오늘도 굳은 땅을 갈고 씨앗을 뿌리는 농부의 손짓처럼, 쟁기질하는 내 손길이 분주하다. 정성스레 씨앗을 심고, 그 싹을 틔우고 싶다. 삶을 변화시키는 감사의 결실도 기다려진다. 물론 쉽지 않은 길이겠지만, 농부가 땅을 탓하거나 날씨를 가려 일할 수는 없지 않은가. 허벌리스트라는 아직은 국내에서도 생소한 직업이지만 함께 걸어가는 인연들이 있기에 나는 오늘도 행복한 걸음을 걷고 있다. 나의 꿈, 초록으로 물결치는 꿈의 밭에서, 내가 심은 허브들의 그윽한 향들이 바람에 실려 누군가에게 선물이 되어 주길 바라며.

피버퓨(Feverfew), 회색빛 도시를 비추다

금방 눈이 내릴 듯한 초겨울의 아침, 커다란 창을 통해 들어오는 조용한 시가지의 모습에 눈길이 멈춘다. 채도가 낮은 풍경에 회색 빛 공기를 가진 오늘 같은 날엔 도시인의 고독과 외로움을 표현한 미국의 사실주의 화가, 에드워드 호퍼(Edward Hopper)의 그림 속으로 들어온 듯한 느낌이 든다.

그의 그림은 일상 속 익숙한 장면을 사실적으로 재현하지만, 어딘가 비현실적인 이질감을 들게 한다. 화면 속 인물들은 대게 무표정한 모습으로 먼 곳을 응시하고 있다. 어쩌다 같은 공간에 있다 하더라도 시선은 교차하지 않는다. 고독과 상실감, 대화가 단절되고 소통이 멈춘 공간 속에 자신을 고립시킨 것처럼 보인다. 시야를 비추는 밝은 빛은 있지만 따스함이 느껴지지는 않는 풍경이 그리 낯설게 느껴지지 않는 것은 우리네 일상의 색감과 별반 다르지 않기 때문일 것이다.

 이 시대를 살아가는 우리들이 느끼는 아픔이 비단 고독과 외로움만은 아닐 것이다. 치열한 경쟁의 구도 속에서 밤새워 뒤척이다 잠을 설치고 다음 날 개운치 않은 머리를 커피 한 잔으로 애써 달래 보는 하루, 뒤처져선 안 된다며 자신을 다그쳐 보지만 몸과 마음의 피로는 점점 쌓여만 가는 모습이다. 일상의 고단함을 달래며 아픔을 겉으로 드러내려 하지 않는 우리의 삶을 색으로 표현하자면 바로 새드 그레이(Sad gray)가 아닐까?

 한국인이 가장 많이 사용하는 외국어가 '스트레스'라는 말에 절로 고개가 끄덕여진다. 하루 동안 얼마나 많은 이들이 스트레스를 외치며 살아가고 있는지. 그야말로 총성 없는 전쟁터요, 아수라장이다. 오죽하면 스트레스를 만병의 근원이라고 말할까. 남녀노소의 구분도 없다. 심지어 초등학생 내 조카도 학교와 학원을 오가는 바쁜 일과에 스트레스가 쌓여 머리가 아프단다. 어른들이 미안하다.

 미국에서는 토머스 제퍼슨 의대가 두통 분야에서 세계적 권위를 인정받고 있다. 미국의 3대 대통령이자 독립선언서를 작성했던 토머스 제퍼슨은 신경성 두통으로 고생했던 유명한 인물이다. 제퍼슨은 임기 중 빈번한 두통에 시달리곤 했다. 때에 따라서는 며칠씩이나 지속하는 통증으로 괴로워했는데 그럴 때면 "이놈의 두통은 아침부터 시작해 저녁까지 도무지 가라앉질 않는다"라며 보좌관에게 하소연했다고 한다. 당시 전문가들은 대통령의 두통을 중책에 대한 부담감과 심리적 갈등으로 인한 긴장성 두통으로 보는 데 의견을 모았다. 아니나 다를까, 마침내 임기를 마치고 대통령직에서 물러난 이후 제퍼슨의 두통이 거짓말처럼 말끔히 사라졌다고 한다. 한 나라의 리더로서 그가 느꼈을 중압감을 쉽게 상상할 수는 없지만, 업무 스트레스가 주요한 원인이 되었던 것은 분명해 보이는 재미있는 일화이다.

한국에도 매년 1월 23일은 대한 두통학회가 정한 두통의 날이다. 뭐 그런 날이 있나? 할 정도로 의아하겠지만 두통은 생각보다 훨씬 대중적인 생활 질환으로 직장인 3명 중 1명은 1주일에 1~3회의 두통을 경험하는 것으로 조사된 바가 있다. 두통이 생기는 이유도 여러 가지이다. 스트레스와 신경성 두통같이 신체의 기능적 이상 없이 발생하는 일차성 두통과 특정 원인에서 기인한 이차성 두통까지 그 원인과 양상은 실로 다양하다. 일상의 불청객인 두통과 편두통의 요인들은 도시인의 삶과 밀접한 관계가 있다. 부족한 수

면과 스트레스, 생활 소음, 잠들지 않는 도시의 밝은 빛과 각종 디지털 기기들, 카페인과 첨가물 음료 등 도시의 삶은 어쩌면 두통 속에 사는 것이 아닐까 생각된다.

두통이 현대인들만의 고민은 아닐 것이다. 과거 역사 속에서 사람들은 어떻게 두통에 대처하여 살았을까? 약학의 아버지라 불리는 디오스 코리데스는 이미 기원전 1세기경부터 두통, 관절염, 우울증을 비롯한 여러 가지 질환에 피버퓨(Feverfew, 학명 *Tanacetum parthenium*)를 사용했다. 작고 귀여운 꽃을 피우는 피버퓨는 그 생김새가 카모마일과 데이지를 닮았다. 해열을 뜻하는 라틴어 'febrifugia'라는 어원에서 알 수 있듯이 전통적으로 열을 내리고 두통을 가라앉히는 데 사용되었다. 중세 유럽에서는 관절염 치료제로도 쓰이며 가정의 상비약으로도 사용될 정도였으니 지금과는 다른 피버퓨의 가치를 엿볼 수 있다.

피버퓨는 주로 잎을 사용한다. 유효성분이 많은 잎을 채취하기 위해서는 꽃이 피기 전에 먼저 수확해야 한다. 고사리 잎과 비슷하게 생긴 잎은 쓴맛이 강해 많은 양을 섭취하거나 씹어서 먹을 경우 구강 궤양이 생길 수 있으므로 소량 사용하는 것이 중요하다. 최근에는 국내 가정에서도 화분에 재배하여 잎을 차로 즐기는 이들이 늘고 있지만, 주의해야 할 것이 있다. 항응고제 성분이 함유된 아스피린이나 간장약을 복용하는 경우에는 섭취를 삼가야 하는 허브이다. 물론 임산부에게도 주의가 필요하다.

오늘도 화분 속 피버퓨를 바라본다. 회색빛 도시에 초록같이 빛나는 피버퓨(Feverfew)의 모습이 참 예쁘다. 작고 여린 식물이지만 소중한 유효성분으로 잿빛 풍경을 자연의 생기로 물들이고 있다는 생각이 든다. 자연을 닮아가고 싶은 나는, 녹색이 주는 지혜를 배우고 싶다. 스트레스로 힘들게 살아가는 현대인들의 몸과 마음, 그 균형을 위해 도움이 되고 싶다. 힘든 하루를 보낸 뒤 위로가 필요한 이들에게 따스한 허브티 한 잔을 건네는 녹색 힐러의 삶처럼 말이다.

레드우드(Redwood), 공존의 달인

TV 채널을 돌리던 중 한 다큐멘터리 프로그램에서 눈길이 멈췄다. 화면을 가득 메운 숲은 미국 캘리포니아 북서부에 위치한 레드우드(Redwood) 국립공원이었다. 이곳에는 세계에서 가장 키가 크고 오래 사는 나무들이 있다고 한다. 태고의 신비와 전설이 살아 숨 쉬는 레드우드 공원은 죽기 전에 꼭 가봐야 할 명소로 유명하다니 나의 버킷리스트도 업데이트가 필요하겠다.

이 멋진 숲이 한때, 벌목사업 때문에 사라질 뻔한 적도 있다. 골드러시 시기(Gold rush era), 엘도라도를 꿈꾸며 캘리포니아로 몰려들었던 채광업자들에 의해 상업 벌목이 행해지면서 레드우드 숲은 황폐해지고 멸종의 위기를 맞기도 했었다. 다행히 자연보호 운동과 생태계 보존 인식이 높아지면서 극단적인 상황은 면했지만 원래의 규모를 잃은 숲의 모습이 안타깝게 느껴진다. 인간의 이기

심으로 한순간에 훼손된 자연이 제 모습을 찾기란 얼마나 어려운 일인가?

세계에서 가장 큰 나무답게 하늘을 향해 곧게 자란 레드우드의 키는 100미터가 넘게 자라기도 한다. 하지만 장엄한 몸집에 비해 뿌리는 수직으로 고작 2~3 미터 정도밖에 되지 않는다. 사람으로 치자면 늘씬한 8등신 미인이 아기처럼 작은 발을 딛고 서있는 기형적인 형상이다. 하늘에 닿을 듯한 큰 키에 어울리지 않는 너무나 왜소한 뿌리는 땅에 뿌리를 내렸다고 하기보다는 지표면에 살짝 걸쳐 있다는 느낌밖에 들지 않는다. 이 얕은 뿌리로 그 오랜 세월 동안 자연의 시련과 중력을 이기며 살아낼 수 있었다는 것이 의아할 따름이다.

하지만 레드우드의 생존 전략에는 놀라운 비밀이 있었다. 이 거목은 단독으로 뿌리를 깊이 내리는 대신 지표면을 따라 옆으로 뻗는 전략을 선택하고 멀지 않은 곳에 있는 이웃 레드우드의 뿌리와 단단한 결속을 맺는다. 팔짱을 끼듯 얽혀진 뿌리는 서로를 의지하며 양분을 나누고 외부의 자극에 함께 대응한다. 뿌리에서 새로 나온 어린나무는 어머니의 젖을 빨 듯 오래된 나무로부터 수분과 양분을 공급받는다. 때론 기능이 쇠약해진 늙은 나무가 젊은 나무의 배려를 받으며 살아가기도 한다. 땅 위에서는 각자의 독립된 삶을 살지만, 생명의 근원을 이루는 땅 아래에서는 그물망처럼 촘촘히 연결된 뿌리로 사회적 네트워크를 이루며 살아간다. 거친 환경을 이겨내는 연대와 공동체 의식은 이 거대한 식물이 살아가는 방법이다.

레드우드의 특별한 생존방식은 우리에게 공존의 의미를 생각하게 한다. 그들의 세계에서는 강하고 잘난 나무만 살아남는 것이 아니다. 하나의 거대한 뿌리를 이루며 고목과 어린나무, 병든 나무와 건강한 나무의 구분 없이 한데 어울려 살아가는 상생의 관계가 있을 뿐이다. 프랑스의 철학자 미셸 푸코가 유토피아와 대비되는 개념으로 제시한 헤테로토피아(Heterotopia)는 현실화한 이상세계를 말한다. 이질적인 존재들이 서로의 다름을 받아들이며 보듬고, 껴안으며 생명을 공유하는 삶. 그리하여 새로운 생명이 잉태되는 레드우드 숲이야말로 실재하는 헤테로토피아가 아닐까?

함께 산다는 것이 어떤 의미인지 모르던 나의 어린 시절, 지금도 또렷이 남아있는 기억이 있다. 학교를 마치고 집에 들어가니 낯선 아주머니가 식사를 하고 있었다. 처음엔 엄마의 지인이라고 생각했지만 아이의 눈에도 그분의 행색은 남루해 보였다. 허겁지겁 식사를 마친 아주머니는 감사하다는 인사를 하고 산더미 같은 짐을 챙겨 서둘러 떠났다. 당시 우리 집에서 가끔 볼 수 있는 풍경이었기에 금세 눈치를 챈 나는, 왜 잘 알지도 못하는 사람에게 밥을 차려 주냐며 엄마에게 투정 어린 질문을 했다.

그때는 지금과는 달리 자신이 팔 물건을 지고 다니며 집마다 문을 두드리며 행상 일을 하는 사람이 많던 시절이었다. 커다란 봇짐을 머리에 이고 떠돌듯 하루를 보냈을 그 아주머니도 제때 끼니를 챙기기가 쉽지 않았을 것이다. 사정을 아신 엄마는 아주머니에게 늦은 점심을 대접하고, 자신은 그저 할 일을 하셨을 뿐이라는 듯 말없이 설거지하시던 엄마의 모습이 기억 속에 아른거린다. 아마도 어린 딸이 언젠가 스스로 깨달을 날이 오리라는 믿음이 있으셨을 것이다.

이제 그때 엄마의 나이가 된 나는 알고 있다. 어려운 형편 때문에, 혹은 불편한 몸이나 남들과 다른 생각의 차이로 인해 함께 어울리지 못하고 소외되는 이웃이 있어서는 안 된다는 것을. 공존(共存)은 선택이 아닌 삶의 필수 조건이라는 것을 말이다. 스치는 인연이나 우연한 만남도 우리가 더불어 살아가야 하는 존재라는 것을 생각해 본다.

어린 레드우드가 다 자라는 데 만 400년 이상이 걸리고 수령이 2000년을 넘기는 경우도 있다고 한다. 그 오랜 세월 동안 함께 공존하며 인류의 굵직한 역사를 다 지켜본 산 증인이 되는 셈이니, 말만 통한다면 재미있는 이야기를 얼마나 많이 들려줄 수 있을까? 비록 언어는 통하지 않지만, 오늘도 너와 나의 단절 없이 살아가는 레드우드의 아름다운 모습에서 진정한 공존의 의미와 함께 살아가는 자연의 가르침을 배운다.

두 번째 이야기

나는 엄마이니까

"자신이 먹는 모든 것을 사랑하는 아기도 함께 먹고 있다는 것을
모유 수유하는 엄마들이 알았으면 좋겠다.
제품을 바르게 선택하고 섭취할 수 있는 분별력을 위해
오늘도 안내자의 역할을 지속해 나갈 것이다.
나도 엄마이니까"

배 경 옥

국제 허벌리스트이며, 간호사로서 종합병원에서 얻은 임상경험과 의료지식을 토대로 소아 건강은 물론, 건강한 출산과 모유 수유 분야에 연구 활동을 계속하고 있다.
녹색육아 연구소를 운영하며, 자연의 지혜와 식물의 가치를 고객들과 나누고 있다.

아버지의 옥수수

참 맛있다. 지인이 먹어보라 놓고 간 옥수수를 아이들과 함께 먹으며 잠시 내 마음의 추억여행을 떠나본다. 어린 시절 감나무 아래 평상에서 먹던 옥수수의 그 맛, 그때 먹어본 옥수수도 참 맛있었다. 살랑거리는 바람에 뜨거운 김을 날려 보내며 먹던 그 맛이 유난히 추억에 남는다.

유년 시절을 농촌에서 보낸 나는 자연과 함께하며 성장했다. 시골에서는 한낮 더위가 심해 일을 못하므로 해뜨기 전부터 일어나 풀을 베고 가축들을 위한 먹거리를 준비해야 한다. 새벽이슬에 바짓가랑이는 젖어오고 팔의 토시라도 하지 않은 날은 쐐기풀에 긁혀 금세 붉은 줄의 상처가 나곤 한다. 그나마 잡풀 베기는 수월한데 옥수수밭에서의 낫질은 손에 힘을 더 주어야 한다. 줄기 밑동이 단단하여 힘주어 베어내야 하기 때문이다. 옥수수 잎은 소들이 좋아하는 음식 중의 하나이다. 서걱서걱 썰어 소에게 주면 정말 맛있게 먹는다. 세상에서 가장 맛있는 음식을 먹는 눈빛이다. 그중 유난히 잘 먹는 녀석에게는 인심 좋게 좀 더 주기도 한다.

그렇게 소의 아침 첫 끼를 챙겨주고 난 후에는 내가 먹을 옥수수를 삶는다. 그 옥수수가 다 익어갈 즈음 새벽장에 가셨던 부모님이 돌아오신다. 일찌감치 삶아 둔 찰옥수수는 아침상이 준비되기 전까지 부모님과 나의 배고픔을 잠시 달래 주던 좋은 간식이었다. 아침부터 지쳤던 아버지의 얼굴이 환하게 펴지던 순간들이 지금도 생생하게 떠오른다. 아버지와 옥수수 수레를 앞뒤로 끌고 밀며 함께 했던 그 시간, 그때의 옥수수 맛이 아버지의 모습과 어우러지며 내 마음에 그리움으로 오래 머문다.

그 시절 우리 부모님은 소위 쓰리 잡(Three Jobs)을 뛰는 분들이셨다. 매우 바쁘셨다. 덕분에 나는 주말이나 방학이면 가축들의 끼니를 챙기면서 작은 효도를 하는 듯한 뿌듯함도 느낄 수 있었다. 시골이라 학원이 흔하지 않았고 몇몇 학원도 멀리 있다는 핑계로 오후 나절에는 친구들과 신나게 놀러 다니는 시간이 많았다. 무슨 거창한 탐방 활동이라도 떠나듯 시골길을 따라 옆 동네 구경도 가고 덤불 속에서 탐스럽게 익어가는 빨간 산딸기와 이름 모를 열매들의 달콤함도 마음껏 즐기곤 했다. 자연 속 지천으로 널린 먹거리들과 함께 자라던 내가 대학에 진학하고, 그때는 누구나 그러했듯 젊은 날의 성장통과 고뇌로 방황하며 시간을 보내던 어느 여름날, 아버지는 지병으로 내 곁을 떠나셨다. 그때도 밭에는 옥수수가 자라고 있었다. 그래서일까? 지금도 옥수수의 구수한 향과 맛은 가끔 내게 가슴 먹먹해지는 추억이 된다.

그 특별한 옥수수를 요즘 집에서 자주 본다. 결혼과 함께 내게는 새로운 가족이 된 시아버님이 옥수수를 즐겨 드신다. 작년에 암 투병을 하신 후부터 유독 옥수수를 더 찾으신다. 노란 옥수수는 여전히 맛있어 보인다. 우리 아이들도 좋아해서, 아이들이 부엌을 몇 번 들락거린 후에는 어김없이 옥수수가 사라진다. 사랑하는 가족들이 옥수수를 먹는 모습을 보면서 흐뭇하기도 하시만, 한편으로는 조금 불편한 생각이 들기도 한다.

"그래 얘들아, 엄마가 어릴 적 외할아버지와 함께 옥수수를 맛있게 먹으며 추억을 만들었듯이 너희도 많이 먹으며 건강하게 자라 주렴"이라는 말이 쉽게 나오지 않는다. 그 이유는 내 머릿속을 스쳐 지나가는 몇 가지 질문들 때문이다. 비닐봉지로 덮어 찐 것은 아닐까? 인공 첨가물이 많이 들어가 있다면? 농약을 너무 많이 사용한 것은 아닌가? 등의 생각으로 불편해지기 때문이다. 옥수수와 함께 떠오르던 추억은 온데간데없이 사라지고 오히려 불신의 마음이 스멀스멀 생겨난다. 쓸데없는 걱정일지도 모른다. 어쩌면 어느새 몸에 밴 직업 성향 때문일 수도 있다. 그렇지만 생각은 해봐야 하지 않을까?

포털에 '옥수수'를 검색하면 광고, 요리법, 효능 등이 전면에 뜬다. 아이 엄마로, 간호사이며 허벌리스트로 살아가는 내게는 습관처럼 제품 뒷면에는 무엇이 있을까 궁금해진다. 검색어로 '옥수수'와 함께 떠오르는 연관 검색어들이 보인다. '방부제', '수입산', 'GMO'들과 함께 최근 뜨거운 이슈와 논쟁 중인 소식들이 함께 눈에 띈다.

우리나라가 세계 2위 GMO(유전자변형생물체, Genetically Modified Organism) 수입국이라는 것, 된장, 간장, 올리고 당, 빵과 같이 생활 속에서 쉽게 애용되는 식품들에 폭넓게 GMO 원료들이 사용되고 있다는 것을 볼 수 있다. GMO 종자를 생산하는 미국 기업의 논리, GMO가 질병과 관계가 있다는 수십 개의 연구 논문들, 또 이에 반박하는 이들의 주장 등을 함께 살펴보면서 눈을 떼지 못하고 읽게 된다. 정말 어느 책의 제목처럼 추억의 옥수수가

'슬픈 옥수수'가 된 것 같기도 하고, 우리가 먹고 있는 것이 진짜 옥수수일까 라는 생각도 든다.

아버지와 함께 먹었던 그 옥수수와 산속이나 길가에서 내가 먹던 그 열매들은 어디로 갔는가? 제초제와 살충제에 견디지 못하고 식물들이 사라져 버리고 있다. 그 빈 자리를 강력한 제초제에도 견디어 내는 GMO 작물들이 차지하고 있다. 사람들은 기술 혁명이라고 놀라워하고 삶의 편리함과 생산성의 증대라고 반가워한다. 정말 그것이 우리의 삶을 행복하고 건강하게 만들어주고 있을까? 그 명확한 대답을 위해 지금도 많은 연구진이 노력하고 있다. 그리고 확실하게 알 수 있는 것은 아직 밝혀지지 않은 위험에 우리가 놓여있다는 것이다.

혹자는 너무 예민한 반응이 아니냐 말하기도 하지만, 내게는 두 분의 아버지가 즐기시고, 사랑하는 내 아이들이 좋아하는 먹거리이기에 특별한 관심을 두지 않을 수 없다. 요즘도 맛있어 보이는 노란 옥수수가 오히려 시아버님의 건강에 영향을 줄 수 있다는 생각에, 제품 주문 시에는 원산지와 가공 방법 등을 꼼꼼히 살펴보고 결정하게 된다.

허벌리스트 과정을 공부하던 때, 수업 중에 은사님이 하신 말씀이 생각난다. "가족의 파수꾼은 엄마다. 아이들과 남편 그리고 사랑하는 가족들의 건강은 전적으로 엄마의 책임이며 동시에 권한이다. 엄마가 먼저 스스로 건강해야 하는 이유와 엄마가 분별력을 가져야 하는 이유가 바로 여기에 있다." 바쁘게 살아가는 우리의 삶 속에서 쉽게 지나쳐 버리고 놓치기 쉬운 것이 먹거리에 대한 관심일 수 있다.

하지만 다른 사람들이 그렇다 하더라도 나는 가족을 지키는 파수꾼이지 않은가, 나는 그 책임을 위해 오늘도 질문을 멈출 수 없을 것 같다.

7人 7色의 국제 허벌리스트가 들려주는 삶의 소소하고 확실한 행복 이야기

옥수수

마더워트(Motherwort), 어머니를 위하여

옛날 어느 마을에 가난한 효자가 살았다. 형편이 가난하던 그는 갑자기 앓아누운 어머니를 위해 마을 의원에서 일을 해주고 그 대가로 약을 조금 얻을 수 있었다. 덕분에 어머니는 점차 기운을 차리는 듯했지만, 어려운 형편에 계속해서 약을 구하기가 힘들었다. 마음이 아팠던 효자는 고민 끝에 약초를 캐러 가는 의원의 뒤를 몰래 따라갔다. 그는 의원이 캐는 약초를 잘 살펴보고 그 약초를 가져다 정성껏 어머니께 달여 드렸다. 드디어 약초 물을 마신 어머니의 병은 깨끗하게 나았고 행복하게 여생을 보냈다는 이야기가 담긴 약초가 바로 어머니를 위한 식물이라는 의미의 익모초(益母草)이다.

서양에서도 익모초를 마더워트(Motherwort)라고 부른다. 마더워트는 그 잎의 생김새가 사자 꼬리처럼 보이며 모습이 힘차다.

예로부터 중부 유럽, 아시아, 북아메리카 등 동서양 구분 없이 폭넓게 여성 건강을 위해 사용된 기록들이 있으며, 고대 그리스에서도 여성의 부인과 질환에 사용했다는 기록이 전해진다.

마더워트는 나에게도 특별한 의미를 지닌 식물이다. 출산 후 모유 수유를 하는 여성을 대상으로 운영하는 녹색육아 연구소의 대표 허브이기 때문이다. 간호사이며 허벌리스트로 활동하는 나는 널싱허브(Nurshing Herb)라는 닉네임으로 활동하고 있다. 널싱은 '간호하는, 양육하는'이라는 의미이며, 마더워트는 식물자원을 이용하여 고객들의 건강과 행복한 생활을 돕고자 하는 상징적 허브로 자리매김하고 있다.

그렇다면 마더워트는 왜 여성에게 도움이 되는 허브가 되었을까? 마더워트의 파이토케미컬 성분에는 레오누린(leonurine)이라는 것이 있다. 레오누린은 무엇보다 여자의 자궁에 신선한 혈액을 충분히 공급하고 노폐물은 신속히 제거하여 자궁의 혈액 순환을 도와준다. 그래서 여성의 생리불순이나 관련 통증에도 도움이 될 수 있다. 더불어 그 줄기와 잎의 힘찬 모양새처럼 심장이 강력하게 제 기능을 할 수 있도록 심혈관계에도 도움이 된다. 마더워트는 활성산소를 줄여주는 항산화 작용도 가지고 있으며, 염증 반응을 가라앉혀주는 항염 성분과 기분과 혈압을 안정적으로 조절해주는 성분도 포함되어 있어, 활용가치가 높은 유용한 허브라고 할 수 있다.

일상에서 예방의학적 가치를 위해 마더워트 티(Tea)를 즐겨 마셔보면 어떨까? 자궁 건강과 혈액 순환, 기분 조절 등에 도움을 주는 마더워트의 가치를 제대로 느껴보기 위해서는 한잔의 티를 준비하는 과정도 중요하다. 먼저 뜨거운 물 150~200mL를 준비하고, 잘 건조된 마더워트 2~2.5g 정도를 넣어준다. 우리는 시간은 약 10~15분 정도면 충분하다. 최대 하루 3회 정도 이내에서 마셔볼 수 있다. 물론 적정 범위 내에서 섭취하는 것이 안전하며 과다한 섭취는 오히려 건강을 해칠 수 있다. 드물게 알레르기 반응이 있을 수 있어 주의가 필요하며, 임신 중이기나 수유 중인 여성은 섭취를 제한하도록 한다.

마더워트는 티로만 마실 수 있는 것이 아니다. 다른 채소나 과일 등과 함께 다양한 방법으로 즐길 수 있다. 마더워트는 쓴맛이 강한 허브이므로 좋아하는 과일과 함께 우려내 자신만의 맛과 향을 찾아볼 수도 있다. 허벌리스트는 허브나 과일 또는 채소들이 지니고 있는 다양한 파이토케미컬과 유효작용들을 고려하여 제품을 디자인하는 전문가이므로, 좀 더 다양하게 블렌딩하는 레시피도 가능하다. 블렌딩 레시피를 별도로 공유하니 관심 있는 분들이라면 활용해 보는 것도 좋겠다.

오랫동안 동서양에서 어머니를 위한 식물로 불린 마더워트처럼, 내가 하는 일들도 오늘을 살아가는 엄마이자 여성들의 건강에 조금이나마 보탬이 되면 좋겠다. 자연은 우리에게 식물을 선물로 주었고 우리는 초록의 식물들을 통해 건강을 얻고 있다. 마더워트가 누군가에게 도움이 되는 이유는 자연이 우리에게 주는 사랑이기 때문이 아닐까 생각한다. 어쩌면 어머니를 위한 마더워트는 어머니를 위한 우리들의 사랑을 담아야 비로소 그 가치를 느낄 수 있지 않을까?

보면 볼수록 소중한 식물이다.

7人 7色의 국제 허벌리스트가 들려주는 삶의 소소하고 확실한 행복 이야기

나는 엄마이니까

오늘도 나는 모유 수유 상담실을 운영하며, 나를 찾아오는 이들에게 허브티 한 잔을 내드린다. 허벌리스트이며 간호사인 나에게 상담 전 허브티 한 잔을 나누는 시간은 마주 앉은 이의 마음에 다가가는 특별한 시간이다. 그렇게 대화를 시작하면 불안이나 긴장이 가라앉고 자신의 이야기를 차분히 풀어내는 모습을 볼 수 있다.

이러한 시간을 통해 모유 수유에 대한 객관적인 평가를 하고 엄마의 힘든 마음을 들어주면서 스트레스를 해소할 수 있도록 돕는다. 때로는 엄마와 아기의 건강 상태나 모유 수유를 위해 도움이 될 수 있는 다양한 식물자원을 소개하기도 한다. 허벌리스트로 활동하면서 습득한 지식이 빛을 발하는 순간이다. 예전에는 모유 수유에 도움이 되는 허브가 있다는 설명에 '그런 것도 있어요?'라며 생소하다는 반응이 대부분이었지만 최근에는 산후조리원에서 들어본 적이 있다거나 온라인 시장에서 본 적이 있다는 얘기들을 한다. 근거가 부족한 민간요법으로 기대했던 효과를 얻지 못하거나 오히려 악영향으로 고생하는 경우가 있는데 그 대신 허브 제품에 상당한 관심을 보이니 반가우면서도, 다른 한편으로는 염려 어린 생각이 들 때도 있다. 전문가의 눈으로 볼 때 시중 제품 중에는 아쉬움이 드는 것들도 있기 때문이다.

학창 시절에 배운 생태피라미드(Ecological Pyramid)를 떠올려 보자. 식물을 먹은 초식 동물, 초식 동물을 먹은 육식 동물, 그 위에 사람이 있다. 단계가 올라가며 에너지와 영양분 등이 전달된다. 모유 수유를 하는 엄마는 자신의 몸에서 생성된 모유를 아기에게 준다. 모유의 재료는 엄마의 혈액이다. 그 혈액 속에는 평소 엄마가 접했던 대부분 성분이 함유되어 있다. 그래서, 일부이기는 하지만 모유를 먹는 아기는 엄마가 평소 접했던 것들을 자연스럽게 전달받게 된다. 이런 흐름을 곰곰이 생각해보면 생태피라미드의 최고 정점에 놓이는 존재는 어찌 보면 아기가 될 수 있다. 즉, 아기는 엄마를 먹으며 성장한다고 말할 수도 있기 때문에 엄마의 건강 관리는 매우 중요하다.

간혹 고객 중에는 모유 수유와 건강한 산후조리를 위하여 어떤 제품이 좋을지, 천연 허브제품이라면 어떤 제품을 선택해야 하는 지 질문하기도 한다. 솔직히 좋은 제품을 선택하는 탁월한 노하우는 없다. 하지만 제품을 선택하는데 한가지 만은 꼭 생각해 보면 좋겠다. 바로 "아기는 엄마가 먹는 것을 함께 먹는다"라는 것이다.

최근 천연 자연주의 제품이 생활 전반에 걸쳐 다양하게 판매되고 있는 모습을 본다. 물론 소아 건강이나 출산, 육아 시장도 예외가 아니다. 천연 식물성 성분 함유, 파이토케미컬 함유, 천연 원료 사용 등을 내세우며 공격적인 마케팅을 하고 있다. 허벌리스트의 관점에서 보면 제품에 사용되는 대부분 식물성 원료는 표현만 달리할 뿐 모두 허브라고 말할 수 있다. 그러면 어떤 허브 제품을 골라야 할까? 먼저 허브티(Herbal Tea)를 예로 들어보자.

모유 수유와 관련한 허브티에는 모유량의 증가나 감소, 젖몸살 예방 등을 위한 제품들이 주류를 이루고 있다. 우선, 이들 제품 중에서 정말 나에게 필요한 것은 무엇인지 생각해 봐야 한다. 이를 위해 모유 수유와 관련된 제반 사항, 즉 수유 횟수, 수유 자세, 엄마와 아기의 건강 수준이나 건강 습관 등을 먼저 점검해보는 것이 중요하다. 수유에 어려움을 준 원인을 개선하면서 적절한 식물성 원료를 함유한 제품을 사용해 본다면 도움이 될 수 있을 것이다.

두 번째, 인공 화학 성분이 포함되지 않은 것을 선택하도록 한다. 이런 성분들이 체내에 들어가면 쉽게 배설되지 않고 수십 년간 건강에 악영향을 준다. 최근 소아 건강 분야에서 쟁점이 되는 것을 꼽으라면 면역과 관련된 알레르기성 질환이나, ADHD(Attention-Deficit/Hyperactivity Disorder, 주의력 결핍/과잉 행동 장애) 등이 있다. 유전적, 환경적 요소 등 다양한 유발 요인이 있지만 인공 색소나 인공 향, 각종 첨가물이 포함된 식품이나 환경 호르몬이 함유된 생활용품도 영향을 주는 것으로 알려져 있다. 소량이지만 모유 수유와 관련된 허브 제품에도 이런 성분이 포함 된 것들이 있을 수 있다. 모유 수유를 하는 엄마들이라면 이러한 위험성을 충분하게 인지하고 있는 것이 필요하다.

세 번째는 허브의 양이 적절한지 살펴보자. 허브티마다 적절한 섭취량에 대한 기준이 있다는 것을 일반인들은 잘 모르고 있다. 너무 적게 먹으면 기대한 만큼의 도움을 얻기 어렵다. 기존에 출시된 허브 제품의 내용물에는 모유 수유에 도움이 될 만한 허브 종류들이 포함되어 있기는 하지만 포장지를 뜯어 살펴보면 주요 역할을 해주어야 하는 허브 원료가 소량 들어가 있는 경우도 있다. 이런 제품을 통해서는 식물성 유효성분의 효과를 기대하기 어렵다. 모유에 좋은 것을 먹었으니 양이 느는 것 같다는 심리적 효과, 즉 플라세보 효과(Placebo effect)를 얻을 수는 있을지 몰라도 원료 성분의 과학적 근거에 의한 효과로 볼 수는 없을 것이다.

물론 허브티를 마시면서 충분한 수분 섭취를 통해 얻어지는 긍정적인 변화도 있을 수는 있다. 반면 허브라는 원료는 과유불급(過猶不及), 즉 많이 먹는 것이 효과적인 것은 아니다. 모든 허브 원료에는 적정량이 있다는 것을 안다면 제품을 선택하는 데 큰 도움이 될 것이다. 허브 성분도 아기와 함께한다는 점을 기억한다면 오남용은 금물이다.

해가 지날수록 모유 수유와 관련된 허브 제품이 다양하게 출시되고 있어 소비자의 선택 폭이 더욱 넓어지고 있다. 그러나 수유모가 이용하는 관련 기관은 물론, 개인 소비자에게 주어지는 제품 정보는 턱없이 부족하거나 오류도 많다. 구매 목적에 적합한 제품을 선택할 수 있도록 소비자의 안목을 키워주는 전문가로서, 허벌리스트의 역할이 더욱 커지고 있다.

허벌리스트이며 건강한 출산과 모유 수유를 위해 노력하는 개인으로 한 가지 소망이 있다. 생태피라미드의 가장 아래에 놓여있는 식물은 아무런 대가를 바라지 않고 사람에게 준 자연의 선물이다. 자연이 준 이 선물의 가치가 생태피라미드 최고 정점에 위치한 우리 아기들에게 고스란히 전달되기를 바란다. 물론 일반인들에게는 쉽지 않다. 허브의 작용과 주의 사항을 고려해서 양질의 제품을 선택하는 것은 관심과 공부가 필요하기 때문이다. 하지만 공부하고 알아야 한다. 궁금하면 물어봐야 한다. 꼭 그렇게까지 해야 하냐고 묻는다면 "당신은 엄마이니까"라고 대답해주고 싶다. 그 정도의 수고 없이 우리는 건강한 엄마가 될 수 없기 때문이다.

오늘도 상담실 문을 열며 출근한다. 그리고 다시 한번 나의 소망을 되새겨본다. 자신이 먹는 모든 것을 사랑하는 아기도 함께 먹고 있다는 것을 모유수유 하는 엄마들이 알았으면 좋겠다. 제품을 바르게 선택하고 섭취할 수 있는 분별력을 위해 오늘도 안내자의 역할을 지속해 나갈 것이다.

나도 엄마이니까.

허벌리스트가 추천하는 여성을 위한 허브티 블렌딩

- 갱년기가 찾아와 얼굴이 붉어지고 감정 조절이 어려워 불안감이 들기도 할 때는 말린 마더워트 1g과 라벤더 1g을 블랜딩 한 후 코코넛오일 1티스푼과 꿀을 조금 넣어 마셔보자.

- 스트레스를 받아 마음이 안정되지 않고 초조하여 숙면을 취하기 어려울 때는 말린 마더워트 1g과 레몬밤 2g을 블랜딩하여 마셔보자.

- 스트레스로 입맛이 돌지 않을 때는 말린 마더워트 1g과 캐모마일 1.5g 그리고 레몬밤 1.5g을 함께 블랜딩하여 마셔보는 것도 좋다.

성공한 여자, 유능한 엄마

　올망졸망 작은 열대어가 노니는 어항과 원목 선반 위의 보랏빛 화분, 그리고 잔잔한 음악이 흐르는 이곳은 출산 후 예민해진 아기 엄마들을 위한 곳이다. 작은 공간이지만 오시는 엄마들의 마음을 포근하게 감싸주고 싶은 주인장의 소박한 마음이 담겨 있는 공간이다. 바로 나의 연구실이자, 모유 수유 상담실이다. 이 공간에서는 아기 엄마들의 이런저런 속사정을 함께 나누며, 임신과 출산의 과정에서 안타까운 이야기들도 듣게 된다.

　출산한 지 한 달이 겨우 넘은 한 산모는 자타가 인정할 정도로 업무 능력이 뛰어났지만, 회사에 임신 소식을 알리자 해고 통보를 받아 실직 상태라고 하였다. 또 어떤 산모는 3개월 출산휴가가 끝나면 아기를 친정에 보내기로 했다고 한다. 바로 복직하지 않으면 회사에 더는 자리보전이 어렵기 때문이었다. 또 다른 고객은 1년

육아휴직 후 복직을 앞둔 돌쟁이 아기 엄마다. 직장에서 승진 시기를 놓치지 않기 위해 제때 복직해야 한다는 압박감과 최소 2~3년은 직접 아기를 돌보고 싶은 엄마의 마음 사이에서 갈등하며 스트레스를 받는다고 어려움을 호소하기도 한다.

너무도 많은 엄마가 일하며 아기를 돌보는 엄마의 삶 속에서 힘들어하는 모습을 본다. 다시 직장생활을 하고 싶지만, 예전에 하던 일을 다시 하기는 어려워 재취업을 망설인다는 엄마들의 이야기도 우리는 자주 접하게 된다. 모두가 성공한 여자, 유능한 엄마로 살고 싶어 하는 대한민국 워킹맘(Working Mom)들의 이야기이다.

나 또한 워킹맘이다. 지금도 일하며 육아를 겸하고 있기에 이들이 겪고 있는 고민에서 예외일 수 없다. 다양한 사연들이 주는 쓸쓸함과 아픔이 그대로 가슴에 와 닿는다. 사회인으로서 자존감은 바닥으로 내려앉고 엄마로서도 마음껏 육아에 욕심내지 못하는 현실의 속상함과 아쉬움에 눈물이 맺히기도 한다. 병원에서 임상간호사로 근무하면서 출산한 첫째 아이는 출산 휴가를 마치고 시댁에 맡겼다. 그날 이후 어떻게 해야 아이와 좀 더 함께할 수 있을까 고민하며 노력하기 시작했다.

조금 더 시간적 여유가 필요하였고 경제적 부분도 고려해야 했다. 새로운 자격 과정을 공부하기도 하고, 새로운 직장으로 옮기기도 하면서 약간의 시간적 여유를 만들었다. 하지만 여전히 엄마와 함께 하고 싶은 아이의 마음을 채워 주기에는 부족했다. 더욱 노력하고 고군분투의 삶을 살아야만 했다. 그러던 중 둘째를 갖게 되었다. 직장 내에서 누구도 내게 말하지는 않았지만, 압박감이 다가왔다. 출산에 맞춰 휴직과 사직을 두고 고민해야만 하는 시간이었다. 스트레스와 고민이 부담되었던지 임신 6개월 무렵 조기진통이 왔다. 이래서는 안 되겠다는 생각에 병원 침상에서 바로 사직서를 제출했다. 그렇게 나는 '경단녀(경력 단절 여성)'가 되었다.

기혼 여성 5명 중 1명이 경단녀라고 한다. 비율이 가장 높은 연령대는 30대로 이유는 주로 결혼, 임신출산, 육아 때문이었다. 딱 내가 그랬었고, 모유 수유 상담실에서 만나는 내 고객들도 그러하다. 재취업을 희망하지 않고 육아에 전념하겠다는 엄마들도 있지만, 사회인으로서 개인적 꿈과 목표를 포기한 것은 아니다. 아이가 어려 아직은 재취업을 하지 않겠다는 것이지 나중에 아이가 어느 정도 성장하면 다시 일자리를 찾아 사회로 복귀할 의향들을 갖고 있다. 다만, 무슨 일을 어떻게 다시 시작할 수 있을지 자신감이 없다는 얘기들을 많이 한다. 그럴 때면 나의 경험을 함께 나누곤 한다. 거창한 성공스토리도 아니고 여전히 워킹맘으로 살아가는 나의 이야기이지만, 조금 먼저 인생을 살아가고 있는 내 삶의 이야기가 그들에게 잠시나마 위로와 희망 그리고 용기를 줄 수는 있지 않을까 하는 바람 때문이다.

나는 경단녀가 되고 나서 재취업은 생각하지 않았다. 아이도 돌보고 어느 정도 소득도 얻을 수 있는 창업을 구체적으로 계획했다. 둘째를 임신하면서 막연하게 모아두었던 창업 자료 속에는 간호사가 운영하는 모유 수유 상담실에 대한 뉴스가 있었다. 젖먹이 아기인 둘째를 키우면서 단계적으로 교육 과정을 밟고, 창업을 준비했다. 물론 그 과정은 쉽지 않았다. 이론과 실무 경험을 쌓기 위해 부지런히 동분서주하며 뛰어다녔다. 분주한 마음도, 줄어가는 통장도 힘들게 느껴졌다. 일도 하고 아이들도 잘 키워보고자 시작한 길이지만 준비하는 과정에서 오히려 아이들과 함께 하는 시간이 모자라는 날들이 늘어났다. 하지만 그 준비를 멈출 수는 없었다. 무엇보다 새로운 도전을 위해 나에게 기회를 준 가족에게 보답하고 싶었고, 또 미래에 나를 만나 믿고 상담할 고객들, 아기 엄마들에게 부족한 모습을 보일 수 없었다.

창업 후 자신만의 일을 하면서도 육아에 대한 고민은 여전히 내게는 힘든 숙제였다. 임신하고 출산하면서 '엄마'라는 명찰은 달았지만 유능한 엄마는 아니었다. 여섯 살 터울의 두 아들은 내가 감당하기에 벅찬 다양한 육아 숙제들을 내주었다. 심리전을 펼치는 큰 아이와 아직 엄마 품이 필요한 작은 아이를 돌보기에 집중할 것이냐, 사회생활을 하는 여성으로서 일과 자기 계발에 시간을 좀 더 할애할 것이냐 하는 고민이 많았다. 둘 중 하나를 내려놓을 수 있으면 좋겠지만 그럴 수는 없었다. 두 가지 모두 내가 존재하는 이유이자 소중한 것이기 때문이었다. 고민 많은 워킹맘으로 살아가고 있을 때, 녹색 의학을 공부하게 되었다. 육아와 부모의 역할에 대해 넓은 시야로 지혜롭게 대처할 수 있는 깨달음을 준 시간이었다.

    녹색 의학을 공부하다 보면 '식물', '건강', '균형' 등의 말을 자주 하게 된다. 건강을 신체적인 면에서만 아니라 정신적, 사회적인 면에서도 다각적으로 살펴보고 이들이 조화롭게 균형을 잡을 수 있도록 돕는 법을 배운다. 이렇게 다양한 관점에서 건강의 균형을 강조하는 녹색 의학의 교육 과정을 거치는 동안 건강에 대한 나의 관점에도 변화가 생겨났다. 특히 워킹맘인 내게 유독 와 닿았던 수업은 어린이 건강을 위한 교육 시간이었다.

벌써 사춘기인 듯한 큰 아이를 다루기가 쉽지 않아 마음고생이 많을 때였다. 어느 날 수업 시간에 하나의 이미지를 보게 되었다. 부부가 중간에 나란히 손을 잡고 서 있고, 부부의 양옆에 아이들이 엄마와 아빠의 손을 각각 잡고 있는 이미지였다. 그리고 녹색 의학에서는 이러한 모습이 가장 바람직한 가족의 모습이라고 가르쳐 줬다. 솔직히 그 이미지를 처음 보았을 때는 무엇을 의미하는지 바로 이해가 되지는 않았다. 나도 일상에서 남편과 아이의 손을 잡고 산책하곤 했기에 그것이 특별한 이미지로 다가오지는 않았다. 하지만 집으로 돌아오는 길에, 그 모습이 계속 생각나고 뭔가 풀어야 하는 숙제 같은 느낌이 들었다. 속 시원하게 풀어보려 생각을 거듭하고 질문을 해 보았다.

이미지를 통해 전달하고자 하는 가족의 모습에는 그 중심에 남편과 아내가 있었다. 아이들이 중심이 아니라 부부가 먼저였다. 살과 살이 맞닿은 '손잡음'이 아니라 마음과 마음이 닿은 '마음 닿음'의 의미로 내게 다가왔다. 건강한 가족, 건강한 엄마가 되기 위해서 우선 중요한 것이 바로 부부였다는 것을 보게 되었다. 부부는 가족의 시작이며 남편과의 만남에서 아이들과의 만남이 시작되었다는 것을 알게 되었다. 아이들을 건강하게 양육하겠다는 나의 마음속에는 당연하게 아이들이 그 중심에 있었다. 하지만 가장 바람직한 가족의 모습 속에는 부부, 남편과 나의 건강한 관계가 중심이었다. 아이들은 건강한 부부의 관계에서 비로소 건강하게 양육된다는 것을 깨닫게 된 것이다. 그때까지 아이들을 위해 부부가 존재하는 것처럼, 우리는 아이들을 가운데 두고 부부가 좌우로 떨어져 아이들을 매개로 삼고 걸어가는 모습을 하고 있었다는 생각이 들었다.

먼저 우리 부부에 대한 질문이 필요했다. 남편과 나, 우리는 건강한 관계인가? 아무런 문제 없이 여전히 사랑하고 소통하고 함께하고 있는가? 나는 남편에게 어떤 아내인가? 마음과 마음이 통하는가? 라는 질문을 나 자신에게 던져 보았다. 솔직히 그 당시의 나는 남편과 이야기를 하면 벽과 마주한 기분이었다. 그래서, 깊은 대화보다는 주로 일상 대화를 위주로 대회의 선을 유지하려고 했었다. 힘겨운 삶으로 인해 나도 남편도 서로 지쳐 있지 않았나 싶다. 건강한 가족, 건강한 아이들을 위해서는 내가 먼저 변해야 하는 것이 필요했다. 남편과 마주 앉아 진지하게 이야기를 시작하고, 깊은 소통을 통해 서로의 마음을 확인했다. 또한 건강한 아이들을 위해서는 부부가 서로 더욱 사랑하고 하나 되는 모습이 필요하다는 데에 공감하게 되었다. 이 모습을 매일 지켜보던 아이들의 표정에도 변화가 시작되었다.

아직도 엄마로서, 아내로서 나는 다양한 시행착오를 겪고 있다. 하지만 여전히 일과 육아에 성공한 여자, 능력 있는 엄마로 살고 싶다. 그리고 성공한 엄마가 되기 위해서는 건강한 가족이 반드시 전제되어야 한다는 것도 알고 있다. 지금도 일과 육아, 두 가지 질문에 고민하는 사람들에게 나의 작은 깨달음이 얼마나 도움이 될지는 모르겠다. 하지만 일과 육아라는 것은 처음부터 둘로 나누어 생각할 수 없는 문제일 것이다. 건강한 가족이라는 울타리 안에 하나의 이야기가 되어야 할 것으로 생각한다. 오히려 성공한 여성, 능력 있는 엄마로 나누어 생각할 때 우리는 고민에 빠지고 스트레스로 힘들어질 수 있다. 사랑하는 가족을 위해 스스로 작은 씨앗이라 생각해 보는 것은 어떨까? 수많은 열매가 맺어질 내일을 바라보며 오늘 씨앗을 심는 것처럼 말이다.

요즘 나는 아이들의 건강을 위해 감기 예방에 좋은 로즈힙 시럽도 만들어 주곤 한다. 태권도 시합 전 긴장한 마음이 편안해지도록 레몬밤 허브티 한잔도 먹여 보낸다. 남편의 스트레스 지수가 높아져 갈 때는 세인트존스워트 한 잔과 함께 힘내라며 격려의 말도 건넨다.

허벌리스트 엄마의 소소하지만 가장 확실한 행복들이다.

세 번째 이야기

히솝(Hyssop)이 지나가다

"우리가 쉼을 위하여 자연을 찾는 것은
어쩌면 너무 당연할지도 모른다.
어머니의 품을 그리워하며 살아가는 모습이기 때문이다.
초록의 식물과 우거진 나무숲을 좋아하는 것은
어찌 보면 같은 어머니의 품 안에서 잉태된
오랜 가족을 만나는 기쁨일 수도 있다."

강 선 호

국제 허벌리스트이며, 티 소믈리에로 활동하고 있다. 다년간 카페산업의 경험을 토대로 지친 현대인들을 위한 쉼터를 꿈꾸며, 그리노아(GREENOAH) 아뜰리에를 운영하고 있다. 비영리단체 초록사랑의 운영진으로 사회적 참여와 재능기부 활동에 참여하고 있다.

다 함께 차, 차, 차

"다음에 우리 차 한잔 같이하자"

대한민국 직장인들이 가장 많이 하는 인사말 중의 하나가 '밥 한번 먹자'이다. 이와 비슷한 표현으로 자주 사용하는 것이 '차 한 잔 같이하자'라고 한다. 꼭 지키겠다는 의지의 표현이기보다는 상대방에 대한 친근감과 호감을 표현하는 데 자주 사용되는 인사말이라 생각된다.

음식이 풍족하지 않았던 시절에는 식사의 여부가 곧 안부였기에 밥을 먹었냐고 묻는 말이 서로의 안부를 묻는 인사였다. 이러한 전통과 문화는 지금까지도 안부 인사말로 이어져 오고 있다. 재미있는 것은 이러한 인사말에 언제부터인가 차(茶)라는 단어가 등장했다는 점이다. 그렇다면 어째서 차(茶)라는 단어는 우리에게 인사말이 될 정도로 익숙하게 되었을까?

우리나라 문화는 예로부터 차(茶)와 매우 가까운 문화였다. 우리가 '예사로 있는 일'이란 의미로 자주 사용하는 표현 중에 '일상다반사(日常茶飯事)'라거나, 명절에 드리는 차례(茶禮) 등에는 모두 차(茶)라는 단어가 들어가 있다. 조상을 모시는 차례에도 쓰일 정도로 차를 마시는 것이 예사로 있는 일이었다는 것이다. 선조들의 삶에 깊게 자리 잡았던 차의 문화는 불교 배척과 일제 침략 때문에 잠시 사라지게 되었지만, 미디어의 발달과 웰빙(Well-being) 문화로 다시금 우리에게 주목받고 있다.

차 문화는 동양의 것만은 아니다. 우리가 미디어를 통해 접하는 서양의 차 문화는 간편하게 차를 즐길 방법들을 소개하며 많은 사람에게 차의 매력을 알렸다. 그와 함께 건강에 대한 관심이 높아지며 차는 건강의 상징으로도 자리매김하게 된다. 높아진 관심과 건강에 대한 관심만으로 차가 우리에게 친숙해진 것은 아니다. 우리가 느끼는 차라는 단어의 친숙함은 저마다 마시는 차 한 잔에 자신만의 이야기가 담겨있기 때문이다.

누구나 차와 관련된 자신만의 이야기가 있을 것이다. 차 한잔을 함께하며 인생 이야기를 풀어내는 '스토리 담은 티'라는 이름의 프로젝트도 함께 진행한 적이 있다. 차 한잔을 나누며 차와 관련된 에피소드나 인생의 이야기를 풀어가는 프로젝트로써, 차와 함께 즐거웠던 이야기나, 아픔을 위로받고 힘을 얻었던 이야기들, 오랜 추억을 되돌아보는 이야기들을 알 수 있었다. 그들에게 있어서 차는 단순한 음료가 아닌 기쁨과 위로, 힘과 용기를 주는, 고마운 선물이었을 것이다. 또한, 차 한잔을 마시는 시간은 사람을 만나고 서로의 이야기를 나누며 공감하는 소통의 시간이기도 하다. 차 한잔 마시자는 인사는 마음을 함께 나누며 행복한 추억을 만들고 싶다는 안부의 인사가 될 수 있다.

차는 이렇듯 우리 주변에서 함께 하고 있다. 어느 카페를 가보아도 쉽게 접할 수 있으며 다양한 메뉴로 선보이고 있다. 한 가지 아쉬운 점은 우리가 쉽게 접하지만, 그에 비교하여 차에 대한 정보는 오히려 많이 부족하다는 것이다. 너무 많은 종류의 차와 메뉴가 존재하기에 구분하여 마신다는 것도 일반인에게는 쉽지 않으며, 정보의 정확도가 부족하여 의도치 않은 실수를 경험하기도 한다.

허벌리스트이며 티 소믈리에로서 카페에서 일하며 한가지 생각나는 에피소드가 있다. 카페에 온 손님 중 한 사람이 밤에 잠을 충분하게 취하지 못한다며 카페인이 없는 차를 마시고 싶다고 메뉴를 선택한 것이 있다. 바로 얼그레이(Earl Grey)다. 얼그레이는 홍차 음료 중에 하나로 카페인 성분을 함유하고 있다. 얼그레이에 카페인이 들어있다는 간단한 정보만 있었다면 고객은 더욱 효율적인 선택을 할 수 있지 않았을까? 자신이 원하는 메뉴를 선정하고, 그 가치를 더욱 즐길 수 있는 시간을 가질 수 있었을 것이다. 차에 대한 올바른 정보와 문화를 공유할 수 있다면 더욱 많은 사람이 소소하고 행복한 티타임을 즐길 수 있다고 생각해 최근에는 이와 같은 주제로 강연 활동을 자주 하고 있다. 허벌리스트로서 내게 적합한 차 음료를 선택하는 몇 가지 팁(Tip)을 나누어 보고 싶다.

우리가 즐겨 마시는 홍차, 녹차, 우롱차는 모두 한가지 허브에서 비롯된다. 바로 카멜리아 사이넨시스(*Camellia sinensis*)라는 학명을 가지고 있는 차나무이다. 찻잎을 재료로 다양한 제다법(차를 만드는 방법)을 통해 만들어지는 것이 홍차(Black Tea), 녹차(Green Tea), 우롱차(Oolong Tea), 흑차(Dark Tea), 백차(White Tea) 등이다. 제다법으로 구분되는 이 5가지 종류의 차는 찻잎을 따는 시기와 지역, 찻잎을 조합하는 방법에 의해 또 다른 이름을 가진다. 아쌈, 다즐링, 실론티는 모두 홍차에 속하는 차로 수확되는 지역과 국가별로 그 명칭이 붙여진 이름이다. 작설, 우전, 세작은 모두 녹차에 속하는 차로 찻잎을 따는 시기와 모양에 따라서 이름이 붙여진 것이다.

사람들이 자주 찾는 얼그레이는 홍차에 베르가모트(Bergamot) 향을 가미한 것으로 일종의 가향차이다. 카멜리아 사이넨시스 식물에는 카페인 성분이 기본적으로 포함되어 있다. 물론 제다법에 따라서 함유된 카페인 성분이 두드러지기도 하고 다른 파이토케미컬(식물성 유효성분) 성분에 중화되기도 한다. 만약 카페인을 피하고 싶다면 페퍼민트나 카모마일, 라벤더와 같은 허브차를 선택하는 것도 좋다. 페퍼민트 차는 기름진 음식의 소화를 도와주는 디저트 음료에 적합한 허브차이다. 나른한 오후 직장인들을 위해서는 로즈마리 차가 좋을 것이다. 기억력의 허브라 불리는 로즈마리에 함유된 파이토케미컬에는 머리를 맑게 하고 몸의 활성화에 도움이 되는 깃들이 많이 함유되어 있다. 잠자리에 들기 전이나 저녁시간에는 라벤더 차가 좋을 것이다. 하루 동안 긴장된 몸을 이완시켜주고 안정적인 수면에 도움을 주는 식물이기 때문이다.

오늘 하루도 수고한 자신에게, 기쁨과 즐거움을 줄 수 있는 한 잔의 차를 마셔보자. 허벌리스트가 바라보는 한 잔의 차는 사랑(Tea of Love)이다. 우울할 때 나를 위로해 주는 차, 친구들과 함께 서로의 이야기 나누며 마시는 차, 힘든 일을 겪는 동료에게 건네주는 한 잔의 차, 은사에게 감사하는 마음을 담아 대접하는 차 한잔에도, 모두 사람을 생각하고 함께 마음을 소통하는 사랑이 담겨있기 때문이다. 사랑하는 사람과 함께 나누는 티타임(Tea Time), 차 한 잔의 여유로 우리 모두 힘을 내보자.

다 함께 차(茶), 차(茶), 차(茶).

7人 7色의 국제 허벌리스트가 들려주는 삶의 소소하고 확실한 행복 이야기

기다림의 미학(美學)

　반려견을 키우는 집이라면 한 번쯤은 '기다려' 훈련을 시켜 봤을 것이다. 아무거나 먹지 않도록 주의를 주기 위하여, 또는 견주가 허락한 음식만을 먹게 훈련하는 명령어 '기다려'. 이 훈련을 하는 과정에서 반려견의 반응이 견주의 마음을 훔치곤 한다. 그 모습이 사랑스럽기도 하고 애처롭기도 하기 때문이다. 음식 앞에서 '먹어'라는 주인의 허락이 있을 때까지 반려견은 침을 흘리며 애타게 기다린다. 반려견의 처지에서 보면 참 힘든 인내의 시간이 될 것이다. 기다림 앞에서 애타는 것은 반려견뿐만이 아니다. 사람에게도 기다림은 쉽지 않은, 그리고 애가 타는 일이 될 수도 있다.

　모든 것이 변하고 있다. 빠르게 지나가는 열차를 순간적으로 붙잡아야 하는 듯한 현대인의 생활 속에서 '기다림'이란 참을 수 없는, 때론 지루하고 불필요하게 느껴지는 시간이다. 언제 어디서든 정보를 얻을 수 있는 스마트 폰, 버튼을 누르면 몇 초 만에 켜지는 컴퓨터와 TV, 세계에서 가장 빠른 속도의 인터넷과 배달 서비스. 우리의 일상은 가장 빠른 것을 선호하고 시간을 단축하는 삶을 향해 달려가고 있는 모습이다.

이러한 빠름에 너무나도 익숙해져, 잠깐의 기다림도 힘겹게 여겨지는 우리의 모습을 본다. 파일을 내려받는 1분이 1시간처럼 느껴지고, 노랑 신호등은 속도를 줄이며 멈추라는 신호가 아니라 황급히 지나가라는 신호로 생각된다. 읽으려는 글이 조금이라도 길어지면 바로 스크롤을 내려버리고, 영상이 조금 지루하다 여겨지면 빨리 감기 버튼을 눌러버린다. 21세기 대한민국을 살아가는 우리의 모습이다.

기다리지 못하는 조급함은 관계에서도 나타난다. 수학 공식을 한 번에 이해하지 못하는 아이에게 왜 이리 공부를 못하냐고 외치는 엄마, 부하직원에게 일을 맡기고 일 처리가 느리다며 한 시간마다 재촉하는 직장상사, 결혼 후 서로의 변화를 기다려 줄 수 없어 이혼서류를 들고 법원을 찾아가는 부부. 관계조차도 단순함과 빠름에 초점을 맞추어 가고 있다. 빠른 관계는 상대방에 대한 이해의 부재를 가져오고 참지 못한 거친 말로 서로를 무너뜨리기도 한다.

시간이 지날수록 지치고 피곤하여 만남의 관계 자체를 꺼리기도 한다. 관계의 건강이 무너지고 있음을 느낀다. 우리에게도 '기다려' 훈련이 필요하지 않을까?

허벌리스트에게도 기다림의 시간이 있다. 바로 고객을 위해 한 잔의 허브티(Herbal Tea)를 준비하는 시간이다. 허브티 한 잔을 제대로 우리기 위해선 몇 가지 과정이 필요하다. 먼저 허브에 끓인 뜨거운 물을 붓고 뚜껑을 덮는다. 그리고 허브의 수용성 유효성 분들이 충분히 우러나올 수 있도록 15분 동안 기다린다. 허브티를 맛있게 마시기 위해서 가장 불편한 부분이 바로 15분의 기다림이다. 어느 고객은 할 일도 많은데 언제 15분을 기다릴 수 있냐며 그 냥 빨리 우려서 마시겠다고 한다. 때론 그저 뜨거운 물에 티백(Tea Bag)을 잠시 흔들어 마시고 싶다고 한다.

이상할 것도 없는 우리의 모습이다. 그러나 허브가 가진 건강한 유효성분을 충분히 섭취하기 위해서는 티백으로는 부족하다. 카페인이 있는 홍차나 커피라면 카페인 추출 시간을 짧게 하기 위하여 2~3분 정도 티백으로 우려먹기도 한다. 하지만 그 외에 허브티는 각 허브가 지니고 있는 독특한 가치를 충분하게 섭취할 필요가 있다. 허벌리스트의 15분은 그러한 의미가 있다. 그것은 고객

로즈마리 블렌딩 허브티타임

아름다운 추억을 상징하는 로즈마리와 함께 당신만의 소중한 추억을 만들어 보자.

준비물: 로즈마리 2g, 페퍼민트 1g, 뚜껑 있는 머그잔, 거름망, 미네랄 워터

- 로즈마리와 페퍼민트를 거름망에 넣고 뚜껑 있는 머그잔에 넣는다.
- 미네랄워터를 끓인 후 머그잔에 부어준다.
- 머그잔에 뚜껑을 반드시 덮고 15분간 기다림을 갖는다.
- 허브티가 준비되는 동안 즐거운 대화를 시작한다.
- 준비된 허브티의 향기를 맡으며, 입안의 풍미를 함께 즐긴다.

에 대한 기본적인 예의이며, 당연한 서비스이기 때문이다. 내 몸에 적합한 허브티 한잔을 위해서는 기다려야 한다. 그 기다림은 단지 유효성분을 위해서만도 아니다. 마시기 좋은 적정 온도를 위해서도 기다려야 한다.

허벌리스트에게 15분은 단순한 기다림만의 시간은 아니다. 올바로 우려진 허브티는 고객께 드리는 허벌리스트의 마음이며, 고객과 마주 보며 함께하는 15분의 시간은 소통과 나눔의 시간이 된다. 이 시간 동안 고객과 함께 이야기를 나눈다. 허벌리스트에게 그것은 허브티 한잔보다 더 소중한 추억이며 삶의 한순간이 되기

도 한다.

　물론 기다림은 쉽지 않다. 현대인들에게는 익숙하지 않을 수 있다. 사람은 사회적 동물이라고 말하기도 하지만, 실제의 삶 속에서는 각자 살아온 환경과 상황, 가치관이 다르기 때문에 나와 다른 누군가를 이해하고 받아들이는 기다림의 시간은 힘들 수 있다. 하지만 인간관계에서는 급할수록 돌아가라는 속담이 설득력을 얻기도 한다. 나 자신의 성급한 모습은 타인에게 초조함을 주기도 하며, 편안하고 진지한 대화에 걸림돌을 만들기도 한다.

　건강을 위해 마시는 한잔의 티타임, 그렇다면 한 잔의 허브티를 우리며 15분의 기다림을 가져보자. 허브티와 함께하는 15분의 여유가 나 자신의 몸과 마음은 물론 관계의 건강을 위해 도움이 될 수도 있을 것이다.

히솝(Hyssop)이 지나가다

"휴식은 게으름도 멈춤도 아니다. 휴식을 모르는 사람은 브레이크가 없는 자동차와 같아서 위험하기 짝이 없다."

포드의 설립자이자 자동차 산업의 왕이라고 불리는 헨리 포드가 쉼의 중요성을 강조한 말이다. 농부의 아들로 태어났지만, 기계의 매력에 빠져 자동차 기술사가 된 헨리 포드. 그의 끊임없는 도전과 노력은 자신의 이름을 딴 자동차회사를 설립하게 했고, 대량 생산의 획기적인 계기가 된 포드시스템을 확립하여 그의 회사를 세계에서 손꼽는 자동차 회사로 자리 잡게 하였다. 엔지니어이며 경영자인 그는 누구보다도 쉼 없이 바쁜 삶을 살았을 것이다. 하지만 그의 경영 철학은 남달랐다. 영리를 목적으로 하는 기업의 입장에서 보면 결정하기 쉽지 않은 정책이지만, 그 당시로는 파격적인 1일 8시간 노동의 규칙을 추진하였다. 그가 남긴 인생 철학만 보더라도 휴식의 가치를 중요하게 생각하는 사람이었다는 것을 알 수 있다. 자동차 왕으로 불렸던 포드가 중시했던 쉼은 바쁘게 살아가는 우리 현대인들에게도 생각해볼 일이다.

우리의 하루는 바쁘게 돌아간다. 아침부터 밤까지 빼곡한 스케줄로 움직이는 사람들. 우리의 쉼 없는 열심은 몸과 마음을 지치게 한다. 때로는 쌓여가는 피로함 때문에 삶의 의미와 열정, 그리고 방향조차도 잃어버릴 수 있다. 크고 작은 스트레스들이 삶의 발목을 잡을 때, 우리는 다시 한번 삶의 목표를 향해 나아가기 위한 쉼이 필요하다. 누군가는 이러한 쉼을 진정한 힐링의 시간이라고 말하기도 한다. 사람들은 각자만의 방법을 힐링의 시간을 만든다. 여행을 가거나, 맛있는 음식을 먹거나, 예술과 문화생활을 즐기거나, 편안한 숙면을 취하는 등 그 방식은 다양하다. 쉼에 대한 여러 가지 방법 중 많은 사람은 자연을 찾아간다. 어머니의 품과 같은 따스함과 편안함, 그리고 맑은 물과 청정한 공기를 통해 생명의 싱그러움을 느낀다.

허벌리스트는 Mother Earth 또는 Mother Nature 라는 표현을 자주 사용한다. 지구의 자연은 마치 생명을 탄생시킨 어머니와 같이 모든 생명체를 사랑으로 품고 있다는 의미이다. 어머니와 같은 지구가 품고 있는 생명체를 우리는 생태계(Ecology)라고 한다. 그리고 그 품 안에는 사람과 동물 그리고 식물이 함께 공조하며 살고 있다. 우리가 쉼을 위하여 자연을 찾는 것은 어쩌면 너무도 당연한 것일지도 모른다. 어머니의 품을 그리워하며 살아가는 모습이기 때문이다. 초록의 식물과 우거진 나무숲을 좋아하는 것은 어찌 보면 같은 어머니의 품 안에서 잉태된 가족을 만나는 기쁨일 수도 있다. 그래서 허벌리스트는 식물을 바라보는 관점이 남다르다.

식물을 알아가고 허브를 배우는 수업 과정에 유난히 내 기억 속에 남겨진 허브 하나가 있다. 바로 히솝(Hyssop)이다. 일반인들에게는 다소 생소할 수도 있는 이 허브는 '우슬초'라고도 불린다. 현대인의 쉼을 이야기하면서 히솝이 생각나는 것은 그 의미가 쉼과 연관되어 있기 때문이다. 2천 년 전부터 향신료와 약초로 사용되어 온 히솝은 "성스러운 약초(Holy Herb)"로 불리며, 성경에도 자주 등장한다. 학명은 *Hyssopus officinalis* 이며, 이름의 어원은 히브리어 'ezob'으로 '지나가다'라는 뜻에서 비롯되었다. 성경에 보면 이스라엘 민족이 애굽(이집트)에서 노예로 힘겹게 살아가다 모세라는 인도자에 의해서 이집트를 탈출하는 이야기가 나온다. 이 이야기는 디즈니사에서 만든 '이집트의 왕자'라는 애니메이션 영화를 통해서도 우리에게 친숙하게 다가온다.

이집트의 왕자, 한 장면에서도 바로 히솝이 등장한다. 이집트에 내려진 재앙을 피하고자 이스라엘 민족은 문설주와 문기둥에 어린 양의 피를 바르는데, 그때 우슬초 묶음을 사용한다. 히솝 묶음에 피를 발라 재앙을 지나가게 했다고 하여 히솝의 어원이 '지나가다'라는 의미에서 온 것으로 보인다. 실제로 유대인들의 전통 명절 중 하나인 유월절(이집트에서 탈출한 것을 기념하여 드리는 명절)에는 히솝을 요리하여 먹는 풍습이 있기도 하다.

허브를 공부하는 시간에서 유독 히솝이 내 기억에 인상 깊게 남겨진 이유는 바로 '지나가다'라는 의미 때문이었던 것 같다. 비틀즈의 유명한 노래 'Let it be'와 같이 우리 삶에도 가끔은 우리를 힘들게 하는 모든 것들을 그저 조용히, 그대로 지나가게 두는 여유가 필요할 때가 있다. 얽히고 꼬인 인간관계나 숨 쉴 틈 없이 쏟아지는 무거운 책임감들을 피해, 모든 것을 벗어 던지고 어딘가로 피신하고 싶은 생각은 누구나 한 번쯤 해보았을 것이다. 내게 다가오는 모든 것들이 그저 지나가도록 잠시 길을 비켜주는 것은 어떨까? 이때에 필요한 힐링은 히솝의 의미와 같지 않을까 생각해본다.

따뜻한 물이 가득한 욕조에 히솝을 목욕제로 넣어 몸을 담가보자. 두려움에 떨며 재앙이 지나가길 기다렸던 수천 년 전 이스라엘 사람들이 히솝 묶음을 손에 쥐고 있던 것처럼, 내가 해결할 수 없는 일들이 잠시 지나가도록 쉼을 가져보자. 복잡하게 얽혀 있는 생각의 실타래를 하나씩 풀어낼 수도 있으리라. 새로운 생각과 아이디어가 솟아날 마음의 공간이 만들어질 수도 있으리라. 히솝이 들려주는 지나감의 이야기 속에서 말이다.

네 번째 이야기

사람일까 동물일까

"반려동물을 친구로 두고 있는 나는 지금 가는 이 길이 행복하다.
조금 더 배우고 연구해야 하겠지만,
식물의 가치는 내가 생각했던 그 이상으로 다양해서
앞으로 할 수 있는 일들이 많지 않을까 생각해 본다.
반려동물과 함께하는 분들에게
그 가치를 나눌 수 있다는 것에 감사하다."

윤 서 영

국제 허벌리스트이며, 오스트레일리아에서 활동한 요리사이다.
식물과 사람, 사람과 반려동물, 반려동물과 식물의 교량 역할을 담당하며
반려동물과 견주들을 위해 허브의 가치를 나누고 있다.

내 친구 치엘로

어린 시절부터 요리하고 맛보는 것을 즐기던 나는 자연스레 멋진 요리사, 셰프(Chef)가 되고 싶다는 꿈을 꾸게 되었다. 꿈을 이루기 위하여 태평양을 넘어 오스트레일리아(Australia), 호주의 요리 학교 Le Cordon Bleu(르 꼬르동 블루)에서 공부를 하고, 졸업 후에는 요리사로서 일하며 즐겁게 지냈었다. 꿈을 이루어가는 시간은 참 행복했던 시간이었다. 요리사로서 이느 정도 경력이 쌓아질 무렵, 또 하나의 꿈이 생겨나기 시작했다. 그동안 현지에서 배우고 얻은 경험을 토대로 고국에서 나만의 공간을 운영해 보고 싶다는 생각이 들었다. "그래 나만의 특별한 카페를 열어보자". 그렇게 한국으로 돌아와 바리스타 자격을 취득하고 요리사이며 바리스타가 운영하는 특별한 카페를 오픈했다.

카페를 오픈한 후 시간이 지나며, 한가지 생각하지 못했던 부분이 나를 힘들게 했다. 맛있는 메뉴, 특별한 나만의 디저트를 고객에게 제공하고 싶다는 마음에서 시작한 카페인데 정작 내가 원하는 일에 집중할 시간이 터무니없이 부족해져만 갔다.

카페는 비즈니스였고 사업이었다. 나는 경영자로서 매출관리 업무와 매장관리, 인력 고용과 관리 그리고 세금과 재무관리 등의 업무를 스스로 할 수밖에 없었다. 내가 즐거워하는 요리 외에 신경 쓰는 시간이 더 늘어만 갔다. 셰프(Chef)라는 직업을 가지고 선택한 사업이었지만 경영자의 역할을 병행하다 보니 요리하는 시간이 점점 짐처럼 느껴졌다. 건강에도 이상이 생기며 병원 신세를 지기도 했다. 역시 마음에서 행복감이 사라지면 몸의 건강함도 함께 무너질 수 있다는 것을 느끼는 시간이었다. 그래도 마음에 위안이 되는 것은 병원에 누워 나 자신의 모습을 되돌아보고 앞으로의 삶을 생각해 볼 수 있는 시간이 되었다는 것이다. 나름 힘들었지만 소중한 시간이었다.

과연 내가 진짜로 원하는 삶은 어떤 것일까? 나의 꿈은 무엇이었나? 내가 좋아했던 요리를 하며 더는 행복할 수 없다면, 이제 다시 무엇을 할 수 있을까? 무수히 많은 질문을 통해 답을 얻으려 했지만 쉽게 얻을 수는 없었다. 그때까지 내 인생에는 목적만 있었을 뿐, 목표는 없었기 때문이다. 꿈이란 것은 목표가 불명확하면 흐트러지기 쉽다는 것도 건강을 잃고 나서야 비로소 알게 되었다. 많이 지쳐 있던 내게 큰 위로를 주었던 것은 작고 귀여운 내 친구 '치엘로'였다.

대부분 반려동물을 바라보는 견주들이 그러하듯이 치엘로의 재롱과 애교를 보며, 나도 삶의 위로와 즐거움을 느낄 수 있었다. 치엘로와 함께 교감을 나누며 지내는 동안, 내 친구를 위해 뭔가 해주고 싶다는 생각이 들기 시작했다. 맛있는 간식을 만들어 줄까? 아니면 예쁘게 목욕을 시켜줄까? 사랑하는 친구를 위해 뭔가 해주고 싶은 마음에 이런저런 정보들을 찾아보기도 하고 이것저것 만들어 주기도 했다. 그 시기 국내에서도 반려동물 산업이 크게 늘어나 천연 식물성 원료를 이용한 제품들이 눈에 띄게 늘어나고 있었다. "그래, 치엘로를 위해 건강한 먹거리를 만들어 보자", 그렇게 허브라는 식물과 나의 인연은 시작되었다.

식물을 공부하면서, 내가 전혀 생각하지 못했던 세상을 접하게 되었다. 식물은 아무리 척박한 환경에서도 주어진 환경을 탓하기 보다는, 토양의 영양분과 하늘의 공기와 햇빛, 그리고 수분을 흡수하며 스스로 성장할 자양분을 만들어 간다는 것을 알게 되었다. 성장 과정에서 해로운 곤충이나 환경으로부터 자신을 지키는 노력도 게을리하지 않는 모습을 보게 되었다. 식물은 내가 알던 나약한 존재가 아니었다. 오히려 그 어느 생명체보다 강하고 뛰어난 생명력을 가진 소중한 존재였다.

한번은 자주 보는 홈쇼핑 광고를 통해 많이 접했던 안토시아닌(anthocyanin)에 대하여 수업 중 질문을 한 적이 있다. 피로한눈에 좋은 성분이라 강조하며 광고했던 터라 어떤 성분인지 궁금하기도 했다. 안토시아닌은 강한 자외선으로부터 식물이 스스로 열매를 보호하기 위해 만들어 내는 식물성 유효성분(Phyto-Chemical)이라는 것을 알 수 있었고, 자식을 지키고자 하는 부모의 마음이 함께 느껴졌다. 그것은 어쩌면 단순한 식물성 유효성분이 아니라 사랑의 성분이 아니었을까? 그리고 그것이 우리의 건강에 도움이 된다면 그것은 사랑의 힘이 아닐까? 그것을 우리들은 식물성 유효작용(Phyto-Action)이라 배우고 있는 것은 아닐까? 무심코 지나치던 말들이 나의 눈과 귀에 새롭게 다가오기 시작했다. "그래, 식물을 공부하는 것은 눈에 보이는 식물만을 보는 것이 아니구나, 자연이 들려주는 삶의 지혜도 함께 보는 것이구나". 내 안에서 작은 변화가 시작되었다.

허브를 배운다는 것은 즐거움의 연속이었다. 치엘로가 어렸을 때 일이다. 배에서 "꾸르륵~ 꾸르륵~~" 소리도 많이 나고, 사료도 안 먹고, 축 처진 모습에 놀라 병원에 달려갔다. "사람도 가스차고 속이 안 좋을 때가 있듯이 강아지도 그럴 수 있어요. 내일도 계속 그러면 병원에 다시 한번 오세요"라는 답변을 들었다. 내가 보호자로서 아무것도 해줄 수 없다는 마음에 기다리는 시간은 고통으로 다가왔다. 식물을 배우고, 허브의 숨겨진 가치를 공부하는 한 사람으로서, 치엘로를 지켜만 보기에는 조금 부끄럽다는 생각이 들었다.

문득, 딜(Dill)이라는 허브가 소화에 도움이 될 수 있다는 수업 내용이 생각났다. "그래 조금 먹여보자, 뭐 특별한 부작용도 없을 것 같은데~". 치엘로에게 딜(Dill)을 티(Tea)로 우려 한 스푼씩 먹여 보았다. 딜은 유아나 어린 아기의 배앓이에도 도움을 줄 수 있는 허브이니까 괜찮겠다는 생각이었다. 역시 딜은 나의 기대를 저버리지 않았다. 편안하게 잠을 자는 내 친구 치엘로를 보며 나는 식물의 숨겨진 가치를 경험하였다.

식물을 배워가며 반려동물도 사람과 마찬가지로 성장통을 겪을 수 있고, 건강하게 자라나기 위해서는 기다림의 시간도 필요하다는 것을 알게 되었다. 유난스러울 정도로 동물병원에 자주 가고, 혹시나 내 친구가 잘못될까 싶어 늘 불안했던 마음은 오히려 식물을 배워가며 안정을 되찾아 갔다. 식물을 보며 반려동물을 이해하게 되고, 반려동물과 식물과의 관계를 넘어, 반려동물과 사람과의 관계에 대해서도 새로운 시각을 갖게 되며 내게는 새로운 꿈이 생겨났다. 어쩌면 식물을 배우는 그 순간부터 나는 새로운 꿈을 이미 꾸기 시작했던 것 같다. 내 친구 치엘로를 위해 배우기 시작한 공부가 지금은 식물과 동물 그리고 사람을 이어주는 허벌리스트가 되었으니 말이다.

아직도 모르는 허브들과 식물들이 너무 많이 있다. 그러나 하나하나 소중하게 숨겨진 식물의 가치를 발견해 나가다 보면 언젠가는 나도 내가 원하는 분야에서 전문가로 자리매김할 수 있지 않을까 희망을 품어본다. 빠르게 성장하고 있는 국내의 반려동물 산업에서 요리사이며 허벌리스트인 내가 견주와 반려동물들을 위해 뭔가 할 수 있다는 것은 나만의 희망이 될 것이다.

수업 중 은사님이 이런 말씀을 하셨다. 내가 하나를 더 많이 배우고 알수록 내가 사랑하는 친구를 위해 더 많은 도움을 줄 수 있다고 말이다. 친구 치엘로를 사랑하는 마음은 이제 다른 반려동물을 향해 넓혀져 가고 있다. 현재 운영 중인 아뜰리에 '엘로인'의 철학도 그래서 'Green Healing with Your Companion'으로 정했다. 반려동물과 함께하는 녹색 힐링이라는 의미이다. 오늘도 나는 사람과 동물이 함께 건강하고 행복할 수 있는 초록의 공간을 꿈꾸고 있다.

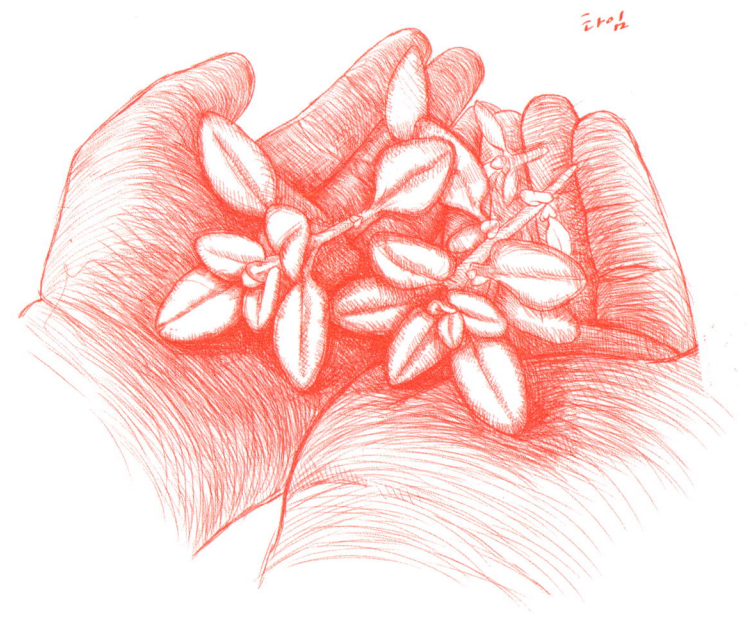

장미와 강아지

　나에겐 사랑하는 반려동물이 있다. 치엘로와 토군이라 부른다. 내가 강아지를 너무 좋아하기 때문인지는 몰라도 허벌리스트 과정을 공부하면서 강아지라는 이름이 들어간 허브에 유독 관심이 갔다. 그 이름은 도그로즈(Dog Rose)였다. 강아지 장미라 불러야 하나? 어째서 강아지와 장미란 말이 들어간 이름이 된 것일까? 호기심이 발동했다.

　예전에는 쓸모없는 물건이나 식물에 '개'라는 단어를 자주 붙여 사용했었다. 그래서 그런지 '개'나 '강아지'라는 단어가 사용되면 가치가 조금 떨어지는 듯한 오해를 하기 쉽다. 하지만 허브 중 도그로즈는 결코 무가치한 허브가 아니었다. 도그로즈는 다른말로 로즈힙(Rose Hip)이라고도 불린다. 열매인 힙(Hip)이라는 단어를 사용하며, 장미과에 속하는 식물의 열매를 사용하기 때문이다. 그 열매는 보석 루비와 같이 매우 붉고 아름다운 색을 자랑한다. 비타민의 여왕이라고 알려진 바로 그 허브를 말한다. 개인적으로 나는 로즈힙을 좋아하고 많이 사용하고 있다.

재미있는 것은 로즈힙이 강아지라는 단어, 도그(Dog)라는 명칭에 어울리게, 반려견에도 도움이 된다는 것이다. 실례로 18~19세기에 유행했던 광견병을 치료하기 위해 사용되면서 도그(Dog)라는 단어가 유래되었다는 이야기도 있다. 근대에 들어와서는 감귤과 과일(Citrus)을 구할 수 없었던 제2차 세계대전 중 군부대에 비타민C 부족으로 인한 괴혈병을 예방하고 면역력을 높이고자 사용된 것이 '로즈힙 시럽'이라는 이야기도 있다. 그만큼 비타민 C의 함량도 높다. 우리가 잘 알고 있듯이 비타민 C는 부족할 경우 피로감은 물론 노화에도 영향을 주는 중요한 영양소이다. 과일을 잘 섭취하지 않거나 강한 신맛으로 먹기가 어려운 경우에는 간단하게 로즈힙을 5~6g 정도 뜨거운 물에 2~3시간 정도 장시간 우려내고 난 후 냉장고에 보관하면서 시원하게 마셔보는 것도 좋은 방법이다. 로즈힙은 열매 부위를 사용하기 때문에 잎을 사용하는 다른 허브와는 다르게 비교적 우리는 시간이 길어질 수 있다.

로즈힙을 좀 더 살펴보자. 함유된 비타민 C는 같은 양의 레몬과 비교했을 때 20배 정도 풍부하며, 칼슘과 철분도 많아 성장기 어린이의 영양제로도 손색이 없을 정도이다. 인위적인 가공처리가 되지 않은 천연의 로즈힙에는 비타민 C와 함께 칼슘이 들어있어 철분의 체내 흡수율을 높이는 상호작용도 기대해 볼 수 있다. 전문가들이 철분제와 오렌지 주스를 같이 마시는 것이 좋다는 이유가 바로 이것이다.

로즈힙의 가치는 먹는 것에만 있지 않다. 1988년 칠레의 콘셉선대학 약리학부에서는 남아메리카 최초로 로즈힙 오일이 피부의 수분 밸런스와 노화 예방에 미치는 영향을 연구했다. 연구에 따르면 로즈힙 오일의 필수 지방산은 피부를 부드럽게 하고, 필요한 수분을 공급해 주기 때문에 건조한 피부 상태에 도움을 준다고 말한다. 로즈힙 오일에는 플라보노이드 계열의 성분들이 다량 함유되어 있는데, 이 성분이 바로 항균, 항염증에 도움을 주기도 한다는 것이다. 찬 바람에 거칠어진 피부를 위해 로즈힙 오일을 사용해 보길 바란다. 로즈힙 오일 하나면 합리적인 비용으로 환절기 온 가족의 피부 건강을 챙길 수 있을 테니 말이다.

사람은 물론 강아지에게도 도움을 줄 수 있는 로즈힙, 허벌리스트만의 특별한 활용법은 없을까? 천연 영양제로서 다양하게 활용해 볼 수 있는 나만의 레시피가 있다. 바로 로즈힙 시럽(Syrup)이다. 냉장고에서 1~2개월 보관할 수 있으며, 환절기 감기 예방과 피로회복에도 도움이 될 것이다. 가래떡을 살짝 구워 로즈힙 시럽을 곁들인다면 아이를 위한 영양간식으로도 좋다. 입맛 없는 임산부의 영양 보충식으로 단백질이 풍부한 아보카도 샐러드에 올리브오일과 로즈힙 시럽으로 만든 드레싱을 곁들이면 맛있는 샐러드가 될 수도 있다. 내 친구들, 치엘로 토군에게도 로즈힙 시럽은 천연 영양제 역할을 한다. 그 어떤 인공 보존제나 식품첨가물을 사용하지 않고 만든 로즈힙 시럽은 자연 그대로의 비타민 C와 다양한 식물성 영양소를 한 번에 섭취할 수 있는 최고의 방법이다.

허벌리스트의 로즈힙 시럽 활용법

- Dried Roserhip 50g + 뜨거운 물 250mL : 7~8시간 우려준다.
- 로즈힙을 으깨 채에 같이 내려준다.
- 약한 불에서 10분간 끓여준다. (2~3번 반복)
- 1cup의 꿀을 넣고 약한 불에 끓여 시럽화 한다.
- 식힌 후, 하루에 5~15mL 이내로 사용한다.
- 로즈힙 시럽과 함께 천연 사과식초(Apple Cider Vinegar) 1~2 티스푼을 함께 준비한다. 미네랄 워터에 희석하여 마셔보자. 활동량이 많은 현대인의 피로회복에 최고이다.

반려동물에게 로즈힙 오일도 사용이 가능하다. 산책이나 목욕 후 건조하고 거칠어진 강아지 발바닥에 발라주면 트거나 갈라지는 것을 예방할 수 있으며, 미스트에 혼합하여 털에 뿌려주면 모질이 개선되고 피부 보습 효과도 볼 수 있다. 개인적으로 반려동물을 위한 제품을 디자인해 주기도 하는데, 로즈힙 오일은 반려견 용품을 만들 때 미스트, 크림, 밤(Balm)에 많이 사용하고 있다.

허브, Dog Rose. 그 안에는 사람은 물론 사랑하는 반려동물에게도 소중한 가치가 숨겨져 있다. 강아지와 장미의 숨겨진 가치가 이제 보이시나요?

사람일까 동물일까

"우리 강아지 허브 먹여도 돼요?", "어떤 허브가 좋을까요?"

내 친구들 치엘로, 토군과 함께 생활하다 보니 반려동물과 함께하는 분들과 교류가 많아진다. 내가 허브를 활용해 강아지를 돌보게 되면서 자주 듣게 되는 질문이다. 허브를 활용해 반려동물의 건강 관리에 도움을 주다 보니 요즘에는 '반려동물 전문 허벌리스트'라는 말도 듣곤 한다. 무척 쑥스럽지만 책임감도 크게 느끼게 된다.

요즘에는 반려동물(Pet)과 경제(Economy)가 합쳐진 '펫코노미'라는 단어를 자주 접하게 될 정도로, 한국의 반려동물시장은 커지고 있다. 농림축산식품부에 따르면 국내 반려동물 시장규모는 지난해 2조 원대로 2020년엔 약 6조 원 규모로 성장할 것이라 전

망하고 있다. 반려동물에게 좋은 것을 해주고 싶은 견주의 마음은 반려동물 건강시장 성장세를 높이고 있다. 건강을 생각한 고품질의 사료, 천연제품의 수요가 늘어나면서 해외 직구매를 통한 허브 제품을 찾는 이들도 늘고 있다. 이는 반려동물 산업에서 천연 식물성 원료나 허브의 가치가 높아지고 있다는 의미가 될 것이다.

하지만 허벌리스트로서 바라보는 지금의 반려동물 산업은 안타까운 면도 없지 않다. 식물성 원료를 표방하고 있는 다양한 먹거리와 간식들이 판매되고 있는 것은 바람직할 수도 있지만, 우려되는 부분도 있다. 한 예로, 사료 또는 간식 제품을 보면 좋은 재료를 사용했다는 것을 알리기 위해 휴먼그레이드(Human grad 즉, 사람이 먹을 수 있는 재료라는 의미)라는 단어를 쉽게 볼 수 있다. '휴먼그레이드'란 어떤 공인된 기관이나 특정한 기관에서 공식적으로 인증된 표현은 아니며 일정한 법적 기준을 가진 것도 아니다. 몇몇 제품들은 허브를 사용했다고 하지만 이에 대한 정확한 정보나 용량 등의 정보 제공이 없어 소비자의 선택에 어려움을 주고 있다. 반려동물에게 허브가 도움이 된다는 것은 부정할 수 없는 사실이지만, 사용 시에는 반드시 적절한 방법과 용량 등의 정보가 함께 제공되어야 한다.

허브가 건강에 도움이 된다고 해서 반려동물의 상태를 고려하지 않고 사용하는 것은 주의해야 할 것이다. 또한 여러 종류의 허브를 한 번에 많이 사용하는 것도 전문가의 측면에서 보면 바람직하다고 할 수 없다. 반려동물의 종류, 연령, 체중 및 특이사항 등을 함께 살펴보는 것이 필요하며, 몇몇 허브들은 주의해서 사용해야 하는 경우도 있다는 것을 기억하며 좋겠다. 그렇다면 반려동물에게 허브를 적용할 수 있는 방법에는 어떤 것들이 있을까?

가장 일반적으로 허브를 넣어 사료나 간식을 만들어 주는 방법도 있을 것이다. 그중 가장 편리하게 사용할 수 있는 방법이 바로 허브티(tea)이다. 반려동물의 신진대사 활동은 사람으로 비교하여 약 3~5세 미만의 영유아와 비슷하게 볼 수 있다. 그렇기 때문에 사용하는 허브의 품질도 중요하며, 섭취량과 적용방법을 생각해 볼 필요가 있다. 자신의 반려동물과 함께 티타임(Tea Time)을 즐기고 싶다면, 일반적으로 성인 견주가 마시는 허브티 용량의 약 1/4컵 미만 정도로 시작해보자. 만약 함께하고 있는 반려동물의 몸무게가 적거나 예민한 견종이라면 그 양은 더 줄여서 주는 것을 추천한다.

허브는 반려동물 먹거리에도 사용되지만, 피부 건강에도 유용하게 사용된다. 이때 주의해야 할 것들이 있다. 예를 들어, 캐모마일은 반려동물 피부 건강에 있어 유익한 허브이지만, 평소 알레르기가 심한 강아지에게는 주의해야 한다. 캐모마일이 함유된 제품을 바르고 간혹 발진을 일으키는 사례도 있기 때문이다. 국화과 식물에 대하여 과민반응을 보이는 반려견도 있으니 사용에 주의가 필요하다.

피부 건강만이 아니라 허브는 반려동물의 심신안정에도 도움을 줄 수 있다. 사람과 마찬가지로 반려동물도 자연이 아닌 도시환경에서 살아가다 보면 많은 스트레스에 노출된다. 반려동물 행동교정 관련 공부를 할 때, "반려동물은 사람일까요? 동물일까요?"라는 교수님 질문에 하나같이 동물이라고 대답했던 기억이 떠오른다. 질문의 요지는 반려동물도 동물인데 너무 친밀하게 함께 생활하다 보니 동물의 생태 습성을 무시하고 의인화하는 경우가 많다는 것이다. 동물의 처지에서 본다면 사람으로 대우받을 때 가장 심한 스트레스를 받을 수 있다는 것도 생각해 볼 일이다. 사랑하는 방법에도 지혜가 필요하다.

주인과 떨어져 지내는 반려동물의 경우에 흔히 볼 수 있는 문제가 바로 분리불안 증세이다. 심신안정을 위해 사람에게도 사용

반려동물을 위한 허브 활용법

허벌리스트의 라벤더 노즈워크 볼
- 노즈워크는 반려견이 코를 사용하는 후각 활동을 말한다. 이를 돕기 위해 심신 안정에 도움을 주는 라벤더 볼을 만들어 보자. 장난감으로 놀 수도 있고, 혹여 라벤더가 피부에 직접 닿거나 먹어도 안전하다.

허벌리스트의 라벤더 스프레이
- 라벤더 허브티 100%를 활용해 스프레이를 만들어 보자. 예민해진 반려동물 주변 환경에 사용하거나, 좋아하는 물건과 즐겨 사용하는 장난감에 사용해도 좋다.

되는 라벤더 에센셜오일을 생각해 볼 수 있다, 다만 주의가 필요한 것은 반려동물은 대부분 사람보다 후각이 매우 발달했다는 점이다. 자칫 잘 못 사용하면 라벤더 에센셜 오일은 오히려 독(Toxic)으로 작용할 수도 있기 때문이다. 특히 다양한 허브를 에센셜오일의 형태로 사용하는 경우에는 반드시 전문가와 먼저 상담 후 사용해보자. 도움을 주고자 했던 견주의 행동들이 오히려 해가 될 수도 있다는 사실을 기억하자. 최근 한국에서도 허브 전문가들이 반려동물을 위해 활동하고 있기 때문에 어렵지 않게 상담할 수 있다.

반려동물을 친구로 두고 있는 나는 지금 가는 이 길이 행복하다. 조금 더 배우고 연구해야 하겠지만, 식물의 가치는 내가 생각했던 그 이상으로 다양해서 앞으로 할 수 있는 일들이 많지 않을까 생각해 본다. 반려동물과 함께하는 분들에게 그 가치를 나눌 수 있다는 것에 감사하다. 그리고 내 친구 치엘로와 토군 사랑한다.

7人 7色의 국제 허벌리스트가 들려주는 삶의 소소하고 확실한 행복 이야기

캐모마일

인디언 형제

"우리는 땅의 한 부분이고, 땅은 우리의 한 부분이다. 향기로운 꽃은 우리의 자매이고, 사슴과 말과 큰 독수리는 우리의 형제이다."

1854년 당시 미국의 대통령이었던 프랭클린 피에스가 인디언 부족에게 소유하고 있던 땅을 팔라고 하자 인디언 추장이 한 말이다. 인디언 추장은 우리가 어떻게 공기를 사고팔 수 있단 말인가? 대지의 따뜻함을 어떻게 사고 판단 말인가? 부드러운 공기와 재잘거리는 시냇물을 우리가 어떻게 소유할 수 있으며, 또한 소유 하지도 않은 것을 어떻게 사고팔 수 있는가?"라고 말을 이었다. 나는 일화 속 인디언들이 자연을 대하는 태도, 자연을 바라보는 마음을 통해 얼마나 자연을 사랑하고 소중히 여기며 살아왔는지 그 마음을 배울 수 있었다.

인디언 추장의 말은 자연을 경제적 가치로만 생각하는 우리들을 향한 일침이 아닐까? 자연보호를 우선시하는 호주나 뉴질랜드를 여행하다 보면 불편한 점이 많다. 호주 타즈마니아 여행 중 작은 폭포 하나를 보기 위해 40분 이상 산속을 걸었던 기억이 난다. 관광지를 개발할 때 사람들의 편리함 보다 지켜야 할 자연의 가치를 먼저 고려한 정책이다. 자연을 훼손시키면서까지 관광지를 개발하는 것은 바람직 할 수 없다. 자연은 그 자체가 문화이자 관광지이기 때문이다.

우리나라는 어떠한가? 우리의 편리함을 위하여, 또는 경제적인 수익을 앞세워 진행되는 무분별한 환경 파괴의 모습들을 쉽게 볼 수 있다. 물론 우리나라도 처음부터 그랬던 것은 아닐 것이다. 우리나라에도 미국 인디언 추장의 마음처럼 자연을 아끼고 사랑했던 선조들의 삶을 느낄 수 있는 곳이 있다. 거창에 있는 구연서원 관수루(龜淵書院 觀水樓)이다. 바위 위에 그대로 기둥을 새운 모습, 휘어진 나무를 그대로 활용한 것만 봐도 자연을 훼손, 변형하지 않고 정자를 지었던 선조들의 마음을 읽을 수 있다. 자연과의 조화를 중시하며, 변해가는 봄. 여름. 가을. 겨울의 정취를 보존하고자 노력했던 선조들의 모습이다. 우리도 예전에는 자연이 주는 삶의 이치와 지혜를 나누며 살아왔다.

그러나 시간이 갈수록 4계절을 온전히 느낄 수 있을지 의문이 든다. 기후 변화센터에 따르면 지구 온난화로 인해 애국가에도 나오는 남산의 소나무를 더는 볼 수 없을지 모른다. 2050년 소나무가 사라진 남산을 상상하면 지금도 마음이 착잡하다. 우리가 마시는 공기는 어떠한가? 초미세먼지로 봄을 느낄 수 있는 날은 손에 꼽아야 하고, 날이 좋다 싶으면 무더운 여름이 된다. 울긋불긋 가을의 정취를 누릴 새 없이 추운 겨울이다. 이제는 4계절이 뚜렷한 나라가 아니다.

환경 문제가 사회적 이슈로 떠오를 때마다 각종 쓰레기 배출을 줄이자 거나 자동차 2부제를 실시하자고 한다. 요란하지만 근본적인 대책으로는 여전히 부족하다. 문명의 그 편리함을 뿌리칠 수 없다면, 자연보호 정책은 공허한 외침에 불과하다. 인디언 추장이 말했던 자연과 함께 더불어 살아가는 모습은 이제 생각해 볼 수 없는 것일까? 우리가 인디언 형제와 자매가 될 수는 없는 걸까?

거창한 환경 정책은 아닐지라도 일상생활 속에서 우리가 할 수 있는 것들은 의외로 많다. 할 수 있는 것부터 시작해 보자. 비닐 봉지를 줄이기 위한 장바구니 사용, 텀블러 사용하기, 일회용품 줄이기, 분리수거 등도 우리가 할 수 있겠지만, 더욱 적극적인 방법이라고 한다면 각자 식물을 키워 보는 것을 추천하고 싶다.

　신선한 허브를 집에서 직접 키워 활용해 보는 것도 환경 보호에 있어 중요한 의미가 있다. 맑은 실내 공기를 위해서도 도움이 되고, 신선한 먹거리 원료를 직접 재배해 본다는 의미도 있지만, 포장재로 쓰이는 플라스틱과 비닐 사용을 일상생활에서 줄일 수 있는 방법이 되기도 한다. 나 역시 처음에는 플라스틱 포장에 담긴 신선한 허브들을 사서 사용했었다. 하지만 재활용 수거함에 가득한 허브 용기들을 보고 그 엄청난 양에 놀라 나라도 플라스틱 쓰레기를 줄여보겠다는 마음을 먹었다. 허벌리스트인 내가, 자연을 오염시키는 쓰레기를 생산해 내고 있다는 것은 뭔가 앞뒤가 맞지 않는다는 생각이 들었기 때문이다.

　올봄부터 가꾸기 시작한 베란다 텃밭. 햇빛과 바람이 잘 드는 베란다에 나만의 리틀 포레스트(Little Forest)를 가꾸고 있다. 눈 뜨자마자 물을 주고, 허브향으로 아침을 깨우는 것이 나의 중요한 일상이 되고 있다. 파스타를 만들 때 없으면 섭섭한 바질, 백리향이라 불리는 타임, 여름철 모히또 음료에 필요한 페퍼민트, 항산화에 좋은 기억력의 허브 로즈마리 그리고 다양한 채소들이 나의 사랑을 받고 있다.

이러한 허브들은 물과 햇빛만 있다면 집에서나 사무실에서도 쉽게 키울 수 있다. 이제는 제법 자라나 아침저녁으로 나의 입과 코를 즐겁게 하고 있다. 신선한 허브와 채소가 함께 하는 식사는 꿀맛이다. 오늘은 직접 키운 바질과 마늘, 잣, 파르메산치즈와 신선한 올리브유로 바질 페스토(Basil Pesto)를 만들어 보려고 한다. 파스타, 샐러드, 피자, 빵 등에 찍어 먹는 소스로 아주 그만이다.

식물을 직접 기르며 가꾸는 나만의 리틀 포레스트(Little forest)는 환경보호 그 이상의 의미와 가치가 담겨있다. 인디언 추장의 이야기가 자연과 함께 더불어 산다는 의미를 전해주고 있는 것처럼 말이다. 식물과 함께 산다는 것은 우리의 선택이 아니라 우리가 생존할 수 있는 유일한 길은 아닐까?

다섯 번째 이야기

겨울에 봄을 만나다

"나뭇잎이 떨어지는 가을을 지나 겨울이 되면,
매서운 바람과 앙상한 나뭇가지의 겨울이 더욱 춥게만 느껴진다.
하지만 겨울 동안 선명하게 피어 있는 위치헤이즐의 노란 꽃은
내년에도 따뜻한 봄이 온다는 약속처럼
춥게만 느껴지는 나의 겨울을 견디게 한다.
겨울에도 따뜻한 봄을 만나는 것처럼."

김 형 신

국제 허벌리스트이며, 전문 강사이다. 어릴 적 화초를 사랑한 어머니의 영향을 받아
식물을 공부했다. 건강한 청소년기를 위하여 다양한 강연 활동과,
제품 디자인 연구 활동으로 녹색 식물의 가치를 함께 나누고 있다.

단순함이 아름답다

날을 정해 동생과 함께 대대적인 방 청소를 했다. 온 방 안의 서랍장을 꼼꼼하게 살피고 버릴 것을 골라내며 동생이 하는 말이, 요즘 미니멀라이프(Minimal life)를 실천하고 있다고 한다. 몇 년 동안 가지고 있으면서 사용하지 않은 것들을 정리하고, 불필요한 물건들은 타인과 나누며 가능하면 단순한 생활방식을 추구하는 생활이라고 한다. 소박히고 검소한 일상생활에서도 만족함과 행복을 추구하는 미니멀라이프는 최근 빠르게 공감을 얻고 있다. 관련 커뮤니티에 들어가 보면 생활용품의 관리, 시간과 돈의 효과적인 사용법 등 자신에게 맞는 합리적인 소비 방법과 팁도 많이 공유하고 있는 것을 볼 수 있다.

요즘 길거리를 지나면 꽤 많은 화장품 매장을 볼 수 있다. 알록달록한 색상과 각종 향기를 지닌 제품들, 예쁜 케이스로 무장하고 손님을 유혹하는 화장품들은 사람들의 눈길을 사로잡는다. 다양한 제품라인과 새로운 화장품의 매끈한 자태를 보면 광고하는 그대로의 효능이 사용하는 순간 바로 나타날 것 같은 믿음이 생긴다. 진열대 자리를 차지하고 있는 다양한 화장품들을 바라보면서 이런 생각이 든다. 과연 우리 화장대 위에서도 미니멀라이프는 가능할까?

2015년 한 보고서를 통해 본 기초 화장품 사용 개수를 보면, 국내 여성 10명 중 2~3명은 11개 이상을 사용한다고 답했다. 이것은 평균 5개의 기초 화장품을 사용하는 일본 여성과 평균 2~3개를 사용하는 유럽 여성보다 월등히 높은 차이를 보인다. 몇 년 전, 우연히 방송을 통해 비구니의 일상을 본 적이 있다. 스님들 역시 화장품을 바르지만, 시주를 받은 것을 사용하고 있었고, 브랜드와 상관없이 주로 스킨과 로션만을 사용하고 있었다. 하지만 화면에 보이는 피부는 깨끗하고 그 자체에서 건강미가 넘쳐 나는 것을 보았다.

적은 개수의 화장품으로도 충분히 본연의 역할을 다 하는 것을 보면 많이 바르면 좋을 것이라는 생각은 접어 둬야 할 듯하다. 더욱이 몇 년 전부터 화장품에도 다이어트를 시작하는 사람들이 있다고 한다. 꼭 필요한 것만을 사용하는 미니멀라이프가 아름다움을 추구하는 여성의 화장대 위에서도 가능한 것이다. 나 역시 예전에는 5~6가지가 넘는 화장품을 꼬박꼬박 바르던 때가 있었다. 지금은 물론 2가지 정도만 사용하고 있다. 내가 직접 만들어 사용하는 화장품들이 대부분이고 나름 충분히 효과를 보고 있다고 자부하기도 한다. 내가 누군가. 명색이 허브 전문가 국제 허벌리스트가 아닌가.

피부 건강을 위해서는 개수가 중요하지 않다. 중요한 것은 좋은 원료를 얼마나 적절하게 사용하느냐 하는 것이다. 시간이 지날수록 피부에 자극적이지 않은 자연주의, 천연 제품들을 선호하는 경향이 뚜렷해지고 있다. 최근에는 저자극이 아니라 아예 무자극을 내세우는 화장품도 출시됐다. 유럽에서는 천연 화장품 중에서도 동물성 원료를 전혀 포함하지 않고 생산 과정에서도 천연 성분만을 사용한 비건 화장품이 출시되었고, 이러한 흐름은 국내 화장품 시장에도 그대로 나타나고 있다.

최근에는 지방마다 특색 있는 원료를 이용해 화장품을 선보이는 경우도 늘어나고 있다. 그 대표적인 예가 제주도이다. 녹차씨앗, 톳, 청귤, 화산송이, 한란 등 제주도만의 특색을 보여주는 천연 식물성 원료를 사용하여 화장품을 선보이고 있다. 청정 제주의 원료를 사용한다는 것을 내세워 호감을 얻고 있다고 한다.

이전 화장품의 흐름을 보면 꽃초, 콜라겐, 나노기술 등 시대마다 유행하는 재료와 기술들을 부각하며 판매된 적도 있지만, 결국 그 종착점은 대부분 자연에서 찾은 식물성 원료들로 결정된다. 어떤 마케팅 방향으로 가든 결국 아름다움은 자연에 있고 그 속에는 식물이 자리 잡고있다는 것을 방증하는 것이다.

허벌리스트로서 피부 건강을 이야기할 때는 외부에 바르는 제품도 중요하지만 사실 건강한 먹거리가 더욱 중요하다고 강조한다. 눈에 보이는 외부의 피부는 사실 내부의 소화계통과 연결되어 있어 먹는 것이 아름다움의 시작이 된다. 꼭 잘 차려진 한 상을 먹지 않아도 된다. 사과 하나, 당근 하나를 먹더라도 제대로 먹는 노력이 필요하다. 그렇다면 간단하면서도 일상에서 쉽게 만나는 허브를 이용하여 나만의 아름다움을 만들어 보는 방법은 어떠한 것들이 있을까? 허벌리스트가 추천하는 아름다움의 비밀, 몇 가지 허브를 살펴보며 생각해 보자.

네틀(Nettle)은 다양한 영양소와 부족하기 쉬운 미네랄을 보충해 줄 수 있는 허브이다. 4~8시간 정도 충분히 우리면 미네랄 향이 가득한 허브티를 만들 수 있다. 좀 더 편하게 즐기고 싶다면 네틀을 파우더로 만들어 요리와 음식에 사용해 보는 방법도 좋다. 밥을 지을 때 네틀을 넣어 지으면 맛있는 영양밥이 되고, 수제비나 칼국수의 반죽에 네틀을 사용하면 별미 음식이 된다. 물론 네틀은 적절하게 섭취하는 것만으로도 건강한 피부에 도움을 줄 수 있는 영양만점 이너뷰티(Inner beauty) 허브이다.

캐모마일(Chamomile)은 어떨까? '식물계의 의사'라는 별칭이 있는 캐모마일은 예민해진 신경과 소화에 도움을 주지만, 외부에 사용하면 피부 건강에도 도움이 된다. 캐모마일을 진하게 우려 목욕제로 사용해보자. 피부 진정에 도움이 된다. 햇볕이 뜨거워지는 요즘 햇빛 알레르기가 있다면 진하게 우린 캐모마일을 휴대용 스프레이 용기에 담아 틈틈이 뿌려보자. 간편하지만 그 변화를 느껴 볼 수 있다.

예쁜 주황색 꽃이 매력적인 칼렌듈라(Calendula)도 건강한 피부를 위해 사용되고 있다. 다양한 피부 트러블에 자주 사용되는 허브로 최근에는 대부분 화장품에 원료로 사용할 정도로 인기를 누리고 있다. 관심이 있는 사람이라면 칼렌듈라가 함유된 화장품을 한번쯤은 접해 보았을 정도이다. 칼렌듈라를 고품질 올리브오일과 함께 사용하여 보자. 피부의 변화를 실감할 수 있다.

건강한 피부를 위하여 몇 가지 허브를 살펴보았다. 모두가 단순한 방법들이다. 진리는 단순함에 있다고 한 어느 철학자의 이야기를 들은 적이 있다. 진리만이 아니라 아름다움의 비밀도 단순함에서 찾을 수 있다고 나는 믿는다. 마치 복잡한 마술 공연을 보고 난 후 실제 그 비법을 알게 되면 너무도 단순하여 웃음이 나오는 것처럼. 신은 자연에 우리가 알 수 없는 비밀을 숨겨 놓지 않았다고 생각한다. 쉽게 누구나 알 수 있는 그런 단순함이 아름답다.

겨울에 봄을 만나다

    헬렌켈러의 '천국으로 가는 시'를 보면 "아름다움은 내부의 생명으로부터 나오는 빛이다."라는 구절이 눈길을 끈다. 고통이 주는 진정한 의미가 무엇인지 그리고 노력을 통해 얻은 아름다움이 얼마나 값진 것인지에 대해 이야기하고 있다. 고통을 이겨 내기 위해 가진 시간과 노력은 온전히 자신의 것이고 그런 과정이 있기 때문에 우리의 내면은 성장하고 성숙할 수 있다는 의미로 다가온다.

    우리는 누군가를 바라볼 때 그의 진정한 아름다움보다는 눈에 보이는 외면의 아름다움만 보기도 한다. 그러나 자주 만나 이야기하고 서로의 공감이 무르익으면 그때야 보이지 않던 내면의 모습에서 진정한 아름다움을 발견하기도 한다. 그가 어떠한 삶을 살아왔는지 어찌 몇 분 만에 다 알 수 있을까? 눈에 보이는 모습과 너무도 다른 내면의 아름다움을 생각하면서 위치헤이즐(Witch Hazel)

이라는 허브의 이야기를 하지 않을 수 없다.

'마녀의 개암나무'라고도 불리는 위치헤이즐의 꽃을 처음 봤을 때 드는 생각은 '단순함'이었다. 4개의 좁은 끈 모양의 노란 꽃잎이 전부였으니까. 지금까지 본 꽃들과는 생김새가 달라 처음에는 이게 꽃인가라는 의구심도 들었다. 참 단순하지만 소박함이 느껴지는 식물이 아닐까 생각된다. 그러나 보이는 모습과는 다르게 오랜 역사에서 사람들의 건강을 위해 사용돼 왔다는 것을 알 수 있었다. '마녀의 개암나무'라는 이름 때문일까? 마법의 약초로 여겨 악마를 멀리하고 상처받은 마음을 치료하는 데 사용했다는 일화도 있다. 어느 만화영화에 등장하는 마녀의 이름에도 사용되었다는 이야기가 있다.

나에게는 낯선 이름이었던 이 허브를 처음 접했을 때가 생각이 난다. 국제 허벌리스트가 되고 나를 나타내는 상징 허브로 무엇이 좋을까 고민하다 은사님께 받은 선물이다. 그렇게 내 삶에 인연으로 다가온 허브, 위치헤이즐에는 다양한 이야기가 담겨 있다.

위치헤이즐의 위치(witch)는 '잘 휘어지는' 또는 '잘 구부러지는'이라는 의미의 앵글로색슨어에서 유래되었다. 아메리카 인디언들이 활을 만들기 위해 이 가지를 사용했다고 하니 그 이름에 걸맞게 유연성도 높은 식물인가 보다. 위치헤이즐은 '딱딱거리는 개암나무'라는 뜻의 스냅핑 헤이즐(snapping hazel)이라는 이름으로도 불리는데, 이것은 식물이 내는 특정한 소리와 관련이 있다. 위치헤이즐은 씨앗을 퍼트릴 때 '딱딱' 소리를 내며 터지는데 이것이 마치 마술 지팡이에서 나는 소리와 같아서 붙여진 이름이다. 과거 서양에서는 점치는 막대기나 요술봉처럼 주술을 부릴 때 사용하거나, 심지어 지하수를 찾거나 귀한 광물을 찾는 데에도 사용했던 적이 있다고 하니 매우 신비스러운 동화 속의 허브라고 할 수 있다.

재미있는 이야기를 담고 있는 위치헤이즐은 오랜 시간 사람들의 건강에도 도움을 주었다. 북아메리카 원주민들은 상처나 염증 치료를 위해 사용해 왔고, 지금도 피부 건강에 사용되고 있다. 실제로 위치헤이즐의 허브 이름에서 유래한 상표로 판매되고 있는 화장품은 위치헤이즐 추출물을 활용하여 피부 건강 제품으로 인기를 얻고 있다. 비교적 그 성분들의 안정성이 높아 미국 FDA에서도 인정받는 생약 성분이기도 하다. 최근에는 여드름 치료와 피부 진정에 도움이 된다고 알려져 스킨 케어 용품으로 사용하는 사람들도 늘고 있다.

허벌리스트가 추천하는 위치헤이즐 활용팁

- 피부 트러블로 고민한다면 위치헤이즐을 한번 생각해보자. 피부 진정에 도움이 될 수 있다.

- 먼저 머그잔에 위치헤이즐 1 티스푼을 넣고 끓인 물 200~220ml를 부은 후 뚜껑을 닫아 허브티를 만들어보자.

- 세안이나 샤워를 하기 전에 준비해 놓았다면 10~15분 정도의 시간이 흘러있을 것이다.

- 세안 마지막 단계에서 위치헤이즐 허브티로 가볍게 두드리는 피부 마사지를 해보자.

- 별도의 추가 세안없이 그대로 말린 후 자신만의 스킨케어 제품을 바르고 잔다.

- 다음 날 아침 달라진 느낌을 즐겨보자.

단순하고 소박하기만 한 외면의 모습 속에 이토록 다양한 가치를 지니고 있는 위치헤이즐을 보면서, 모든 것에는 저마다의 아름다움이 있고, 겉으로 보이는 아름다움이 전부가 아니라는 것을 깨닫게 된다. 사람이나 허브를 바라볼 때 신중해야 하는 이유를 위치헤이즐을 통해 알게 되었다.

오늘도 위치헤이즐 사진을 바라본다. 나뭇잎이 떨어지는 가을을 지나 겨울이 되면, 매서운 바람과 앙상한 나뭇가지의 겨울이 더욱 춥게만 느껴진다. 하지만 겨울 동안 선명하게 피어 있는 위치헤이즐의 노란 꽃은 내년에도 따뜻한 봄이 온다는 약속처럼 춥게만 느껴지는 나의 겨울을 견디게 한다. 겨울에도 따뜻한 봄을 만나는 것처럼.

허브와 나비효과

'나비효과'라는 말이 있다. 나비의 작은 날갯짓이 날씨 변화를 일으키듯, 미세한 변화나 작은 사건이 나중에 예상하지 못한 엄청난 결과로 이어진다는 뜻이다. 허벌리스트로서 나는 세상을 바꿀 만한 그런 굉장한 일을 할 수 있을까? 나의 행동 하나가 작은 날갯짓이 되어 나비 효과를 일으킬 수 있을까? 나의 미래가 궁금해진다.

나는 꿈이 크지 않았다. 어렸을 적 본 작은 들꽃을 아직도 찾는 것처럼 작고 소소한 것을 좋아한다. 하지만 이러한 내 모습에도 변화가 시작되었다. 바로 허벌리스트 과정을 공부하며 얻어진 작은 변화이다. 녹색 의학을 공부하며 허브 하나하나를 세밀하게 배워가는 것도 중요하지만, 그에 못지않게 전문가로서 사회적인 참여와 목소리를 내는 것도 의미가 있다는 생각이 들었다. 지극히 평범한 내가 어떻게 하는 것이 사회적 책임을 다하는 것일까? 스스로에게 질문하는 시간, 문득 나비 효과에 대해 생각이 났다. 어찌 보면 무의미할 정도의 작은 행동이지만 퍼지고 퍼져 큰 결과를 일으킬 수 있는 것이 나비효과라면 내가 할 수 있는 작은 행동은 무엇이 있을까? 그래, 허브를 심어보자. 작은 화분에서라도 말이다. 이것이 나의 작은 날갯짓이 될 수도 있다는 생각이 들었다.

나만의 작은 텃밭을 가꾸는 것이 사람들에게 큰 관심을 끌고, 주변에 도시농부라 불리는 사람들이 늘어나고 있다. 작지만 손수 작물을 가꾸는 사람들이다. 가까운 곳에 텃밭을 분양받거나 옥상을 활용해 채소나 과일을 키우기도 하고, 베란다 역시 식물을 키우는 공간으로 사용한다. 나도 베란다에 놓인 화분에서 깻잎이나 상추를 뜯으며 소소한 기쁨을 느끼고 있다. 내가 직접 키워 먹는 채소와 과일은 건강과 먹거리의 중요성을 직접 체험하는 좋은 계기가 된다. 마트에 장을 보러 가도 유기농 농산물과 산지 직거래 코너의 물건에 관심이 간다. 과일과 채소를 둘러보며 무엇이 더 싱싱하고 깨끗할까 이리저리 고르는 재미도 생긴다.

겉으로 예쁘고 흠집이 없이 깨끗한 농산물일수록 농약을 많이 사용할 수도 있다는 뉴스를 본 적이 있다. 농약 문제만이 우리의 먹거리를 위협하는 것은 아닐 것이다. 좀 더 들여다보면 우리가 겪는 환경 문제는 생각보다 심각하다. 나는 요즘 기후변화를 실감하고 있다. 일 년에 두 번 피는 개나리를 처음 보았기 때문이다. 뭔가 잘못되어가고 있다는 생각이 들었다. 매일 미세먼지의 농도를 확인하는 것은 일상이 되었고, 녹조로 변해가는 강물은 주변 생태계만 아니라 사람의 생활에도 영향을 준 지 꽤 오래다.

환경문제의 심각성을 다루는 다큐멘터리나 영화도 많아지고 있다. 그만큼 인간의 내면에는 자연이 주는 두려움이 존재하는 것 같다. 지구 전체가 물로 휩싸여 인류 문명이 물에 가라앉거나, 지구의 반이 꽁꽁 얼어버리는 빙하기 상황을 보여주기도 한다. 이런 영화를 볼 때마다 실제로 일어날 수도 있다는 가능성이 느껴져 섬뜩 하기도 하다.

하지만 희망은 있다. 다행히 자연환경을 살리기 위한 노력의 결과들이 있다는 것이다. 묵묵히 오랜 시간 노력해 온 사람들의 열매를 보여주는 작은 일화들도 늘어나고 있다. 삼림이 없어 야생동물이 떼죽음을 당한 것을 보고 30년이 넘는 세월, 나무를 심어 거대한 숲을 만든 한 남자의 이야기가 있다. TV를 통해 북극곰이 죽어가고 있다는 것을 알게 된 9살 어린 소년이 환경을 살리기 위해 친구들과 함께 나무를 심었고 현재 전 세계적으로 150억 그루의 나무를 심었다는 소식도 있다. 모두 한 사람의 작은 날갯짓이 나비효과를 만들어 낸 결과이다.

올해도 어김없이 화원 구경에 나섰다. 화려한 자태를 뽐내는 화초들과 싱싱한 채소 모종들이 사람들의 손에서 손으로 건네진다. 마침 사고 싶었던 허브를 보며 이리저리 고르고 있는데 옆에 아주머니 한 분이 함께 구경하고 계신다. 잠시 허브에 대하여 설명을 해드리니 너무 즐거워하신다. 괜스레 기분이 좋아진 나는 계획에도 없던 허브를 몇 개 더 사서 집으로 가져왔다. 내 집을 허브 정원으로 만들어 보리라. 누구 알아주는 사람이 없어도 말이다. 작지만 소소한 나의 선택이 자연을 위한 작은 날갯짓이 되기를 바라며.

7人 7色의 국제 허벌리스트가 들려주는 삶의 소소하고 확실한 행복 이야기

여섯 번째 이야기

절반의 허브

"눈에 보이는 허브가 모든 것을
해결해 주는 것이 아님을 이야기하는 것은 아닐까?
누군가의 곁을 지켜주고 그와 함께 해주고 싶은
허벌리스트의 마음이 전달될 때 비로소 마음의 아픔을 조금이라도
반감시켜 줄 수 있다는 의미라고 생각된다."

방 주 연

국제 허벌리스트이며, 그리니카 아뜰리에 대표이다. 새내기 주부이며 직장여성으로
자기 계발을 위해 처음 식물을 공부한 후, 직장여성의 건강한 삶과 행복을 위해
다양한 제품 디자인과 연구개발에 참여하고 있다.

내 남자의 선물

직장인의 일상이라는 것이 누구나 그러하듯 출근과 퇴근, 집과 회사로 이어지는 반복되는 삶이다. 나 역시 예외가 될 수는 없었다. 어느 날 나 자신의 삶에 권태기가 찾아왔다. 변화 없이 반복되는 생활 속에서 의미 있는 것을 찾기가 쉽지 않았다. 권태는 나 자신의 내면에서 변화를 요구하며 거세게 아우성 쳤고, 문득 지금의 삶과 다른 새로운 경험을 해보고 싶다는 생각이 들었다.

직장인으로서 시간적 제약이 많아 뭔가 새로운 것을 해본다는 것이 그리 쉽지만은 않았다. 하지만 그대로 지낸다는 것이 더욱 힘들었기에 평범한 나의 일상에 활력을 불어넣을 새로운 무언가를 찾기 시작했다. 퇴근 후, 주말 시간을 활용해 자기 계발을 할 수 있는 분야를 찾아보았다. 그 여정에서 나는 초록의 식물들을 만났다. 만남의 그 첫 시간부터 이전과 다른 새로움의 시작이었다.

처음 듣는 단어들은 내게 너무도 생소했다. 그저 식물을 배우고 허브를 이용해 건강에 도움을 줄 수 있는 분야로만 생각했었다. 하지만 녹색 의학은 식물이 지니는 유효성분들과 유효작용, 즉 건강에 도움을 줄 수 있는 성분들과 그로 인한 작용을 배울 뿐 아니라, 좀 더 다양한 분야를 생각해야 하는 시간이었다. 자연을 이야기하고 철학을 다루며, 식물의 영양과 건강을 이야기하기도 한다. 전문가로서 사회적 책임을 이야기하기도 하고 제품을 바라보는 분별력과 통찰력을 이야기하기도 한다. 모두 내게는 쉽지 않은 주제였다. 이전까지 전혀 생각해 보지 못한 부분들, 아니 굳이 생각해야 할 필요가 없었던 주제였기 때문이다.

허벌리스트라는 직업이 굳이 이렇게 다양한 부분을 생각해 봐야 할 필요가 있을지 의문이 들기도 했다. 몇 가지 필요한 허브들과 식물을 다루는 기술만 가르쳐 주면 좋을 텐데 말이다. 뉴질랜드 허벌리스트는 왜 이리도 복잡한 것인지 아마 대학교 때 이만큼 열심히 공부했다면 장학생으로 부모님께 칭찬을 받았을 것이라 스스로 투정을 부려 보기도 했다. 하지만 하루하루 수업이 진행될수록 이전에는 볼 수 없었던 것들이 눈에 들어오기 시작했다. 이전에는 생각해 본 적 없는 새로운 세계도 있구나 라는 생각이 들었다.

국제 허벌리스트 수업 과정은 시간이 지날수록 더욱 재미있었다. 대학 시절 2시간 강의에도 엉덩이가 들썩거리곤 했는데, 주말 5시간의 긴 강의가 눈 깜짝할 새 지나가 버리곤 했다. 식물이 지니고 있는 본연의 유용함과 사람에게 유익함을 주는 자연에 대한 고마움, 그리고 모든 생명체가 함께 살아가며 공존해야 하는 책임감을 비롯해 그동안 미처 알지 못했던 소중한 가치들을 깨닫는 시간들이었다. 대학 졸업 후 취업을 준비할 때 어느 교수님께서 가슴 뛰는 일을 하라고 말씀을 하신 적이 있었다. 가슴 뛰는 일이 이런 느낌일 수도 있다고 생각했다. 나는 그렇게 국제 허벌리스트라는 직업에 매료되었다.

공부하는 과정에서 배운 허브 하나가 있다. 바로 민들레이다. 수업시간에 배웠던 많은 허브 중 민들레는 나에게 큰 의미로 다가왔다. 길가의 잡초라 여겨 보이지 않았던 민들레의 가치를 배워가면서 왜 이전에는 볼 수 없었을까 하는 의구심마저 들었다. 지천에 널려 있는 식물, 너무도 질긴 생명력으로 뽑아도 뽑아도 늘 언제나 새로 돋아났던 그 민들레에 숨겨진 비밀을 알아가는 것은 새로운 세상에 눈을 뜨는 기분마저 들게 했다.

민들레는 척박한 환경에서도 살아남으며 씨앗을 퍼트린다. 뿌리에서부터 잎까지 폭넓게 사용할 수 있으며, 다양한 방법으로 건강에 도움을 줄 수 있는 허브이다. 꽃은 천연 염색으로도 사용되고, 잎은 식용으로 뿌리는 약용으로도 사용되고 있다. 그래서인지 언제부터인가 민들레가 직장에서의 내 모습과 많이 닮았다는 생각을 했다. 어디서나 흔히 볼 수 있지만 이곳저곳 쓰이지 않는 곳이 없는 민들레는 회사 곳곳에 존재하면서 다양한 분야의 일을 맡아 해내고 있는 직장인의 모습과 닮았다.

추운 겨울 척박한 환경을 이겨내고 따뜻한 봄에 꽃을 피우는 민들레처럼, 직장인들 역시 어려운 근무환경 속에서도 자신의 역할을 잘 헤쳐 나가며 인내를 배우고 더욱 강인해져 간다. 단지 민들레라는 허브 하나를 생각해 본 것뿐인데, 내 삶과 세상을 바라보는 눈이 조금은 넓어진 것 같은 기분이 들었다. 우리 주변을 둘러보면 식물에게서 얻을 수 있는 마음의 위안은 생각보다 크다. 출퇴근길에 이따금 마주하게 되는 민들레는 오늘도 힘내라고 격려해주는 것 같다.

감사할 일도 많아졌다. 직장생활에서 힘들었던 부분도 부드럽게 대처할 수 있는 여유가 생겼고, 어려움이 기회가 될 수 있다고 생각하는 성숙함도 배우게 되었다. 내가 경험했던 작지만 소중한 변화들을 나만의 전유물이 아니라 타인과 함께 나누어 보고 싶은 소망도 생겼다. 허벌리스트가 된 후 바로 나만의 비즈니스를 시작할 수는 없지만 내가 배우고 경험한 것들을 가치 있게 사용해 보고 싶다. 새내기 주부이자 직장여성으로 일하며 느껴왔던 하루의 고단함과 피곤함을 너무도 잘 알고 있기에, 이제는 같은 환경에서 일하고 있는 여성들에게 도움을 줄 수 있지 않을까?

혼자서 해결하기에는 자신감이 부족했다. 같이 공부했던 동료와 선배들과 함께 이야기해 보기도 하고 스터디 모임을 통해 보다 깊이 있는 공부를 하기도 했다. 얼마 전에는 한국 파이토디자인 연구소에 지원해 함께 하고 있다. 허벌리스트들을 중심으로 식물자원을 연구하고 다양한 제품과 서비스를 디자인하는 스타트업 프로젝트를 통해 많은 것을 배우고 있다.

나를 변화시켰던 허브, 내 삶에 있어 소중한 선물이다. 지금도 힘든 직장생활을 위로해주는 선물이며, 나와 내 가정에는 건강의 선물이다. 그리고 사랑하는 가족과 친구, 지인들과 함께 나누고 싶은 내 꿈의 선물이기도 하다.

하지만 지금 내가 이러한 꿈을 가질 수 있었던 것은 또 하나의 선물이 있었기에 가능했다. 바로 내 남자의 선물이다. 내가 사랑하는 남자, 남편의 도움과 지원이 없었다면 내가 지금 이러한 꿈을 향해 걸어갈 수 있었을까? 불가능했을 것이다. 이 글을 통해 내 마음을 전하고 싶은데 표현하기가 쉽지는 않다.

내 인생 최고의 선물. 그것은 당신의 사랑입니다. 고맙습니다.

7人 7色의 국제 허벌리스트가 들려주는 삶의 소소하고 확실한 행복 이야기

절반의 허브

오늘따라 유달리 손가락이 아프다. 키보드를 칠 때마다 느껴지는 콕콕 찌르는 통증은 나를 힘들게 한다. 참을 수 없는 고통은 아니지만, 오른손 4개의 손가락으로만 타자를 하는 건 여간 불편한 게 아니다. 이런 통증이 나만의 일은 아니다. 함께 일하는 동료들에게도 흔히 있는 일이 되어가고 있다. 통증이 느껴지는 부위도 다양하다. 어깨에서 파스가 떠날 날이 없는 동료도 있고, 손목이 시큰거려서 종종 보호대를 착용하는 동료도 있다. 하루 평균 10시간씩 같은 자세로 업무를 하는 직장인들에게는 일상의 고통일 수도 있다.

현대인의 삶은 다양한 아픔에 노출되어 있다. 문득 '아픔'이라는 단어를 다시 한번 생각해본다. 아픔을 몸으로 느끼지만, 마음으로도 겪는 사람들, 바로 직장인의 모습이 아닐까? 허벌리스트로서 동료의 아픔을 대할 때마다 생각나는 허브가 하나 있다. 아르니카(Arnica)이다. 노란색의 매력적인 꽃잎을 가지고 있는 아르니카는 국내에서는 아직 생소할 수 있으나, 유럽에서는 이미 잘 알려져 있는 허브이다.

아르니카에는 재미있는 일화가 있다. 동물들이 발부리에 걸려 넘어지거나 떨어졌을 때, 이 허브를 찾는 것을 보고 유럽 산간지역에 사는 사람들이 사용하기 시작했다고 한다. 이 허브는 지난 600여 년 동안 각종 외상과 타박상, 염좌, 근육과 관절 통증, 붓기 완화 등에 진통 소염제로 활용되었다. 아르니카는 Fallkraut 라는 독일 이름도 가지고 있는데, 이름 자체에서도 떨어지거나 넘어진다는(Fall) 의미의 단어와 허브(kraut)라는 단어가 사용되었다.

아르니카는 오일로 사용할 수 있다. 타박상 같은 외상뿐만 아니라, 현대인들의 근육통이나 손목터널증후군, 관절염에도 도움을 줄 수 있다. 만드는 방법도 비교적 간단해서 해외에서는 가정마다 추천되는 상비 허브오일 중에 하나이다. 하루에 2~3회 통증 부위를 부드럽게 마사지해주면 좋다.

허벌리스트의 아르니카 오일 활용법

- 아르니카 오일 15mL, 세인트존스워트 오일 5mL, 라벤더 에센셜 오일 4 drops을 준비한다.

- 아르니카 오일과 세인트존스워트 오일을 각각 계량한 후, 두 오일을 잘 섞어준다.

- 라벤더 에센셜 오일을 4 drops 추가하여 잘 혼합해 준다.

- 에센셜 오일이 많이 사용되었기 때문에 가능하면 안면 부위에는 사용 하지 않는다.

- 혹시 라벤더 에센셜 오일이나, 세인트존스 워트 오일이 없다면, 아르니카 오일 단독으로 마사지하는 것도 도움을 줄 수 있다.

- 아르니카 오일은 상처 난 피부, 수술 전과 출산 시에는 사용을 금하며, 눈 근처와 입안에도 사용 시 주의가 필요하다.

아르니카는 최근 제약회사들과 화장품 회사에서도 많은 관심을 받고 있다. 'Nature's Magic Eraser'라는 별명처럼 성형수술이나 보톡스 등 각종 시술 후 피부 통증과 멍이 든 경우에 사용하는 제품에도 활용되고 있다. 붓기 완화에도 도움이 될 수 있어 아르니카 오일로 마사지를 해줄 경우 팔다리나 몸의 부종에 효과를 기대해 볼 수 있다. 이쯤 되면 그 활용 가치가 어느 정도인지 가늠해 보기 어려울 정도가 아닐까?

허벌리스트로서 아르니카의 숨겨진 가치를 강연이나 교육과정을 통해 나누고 있지만, 허브로 도움을 주는 데는 한계가 있을 것이다. 특히 신체적 아픔에는 도움이 될 수 있을지 몰라도, 마음의 아픔까지는 어렵지 않을까? 어쩌면 현대인들에게는 몸의 아픔보다 마음이 아픔이 더 크게 느껴질 수도 있을 것이다.

식물을 공부하며 은사님이 들려주었던 이야기가 생각난다. "허브라는 식물의 가치가 뛰어나기는 하지만 그것으로 누군가를 도울 수 있다면 그것은 50%, 절반 정도가 최선일 것입니다. 나머지 절반의 도움은 여러분 자신에게 달려 있습니다. 사랑하는 누군가를 돕고 싶지만 허브로 감당하기 어려울 때 바로 여러분 자신이 허브가 되어야 할 수도 있습니다."

은사님의 이 말에 담긴 의미는 눈에 보이는 허브가 모든 것을 해결해 주는 것이 아님을 이야기하는 것은 아닐까? 누군가의 곁을 지켜주고 그와 함께 해주고 싶은 허벌리스트의 마음이 전달될 때 비로소 마음의 아픔을 조금이라도 반감시켜 줄 수 있다는 의미라고 생각된다. 아직은 마음을 나누는 것이 낯설고 어렵게 느껴지지만 아르니카 허브가 몸의 상처를 치유하듯, 허벌리스트로서 나도 마음의 아픔을 나누는 허브가 되어 보고 싶다.

7人 7色의 국제 허벌리스트가 들려주는 삶의 소소하고 확실한 행복 이야기

내 삶을 바꾸는 세가지

아름다움을 논할 때 식물을 빼놓기는 어렵다. 식물은 이미 뷰티 산업과 화장품 산업에서 그 역할을 톡톡히 해내고 있다. 다양한 식물 원료를 활용한 제품들도 시중에서 쉽게 만나 볼 수 있다. 새롭게 출시되는 제품들 대부분이 자연주의를 표방하고 있으며, 천연식물성 원료를 강조하는 마케팅 전략을 사용하고 있다. 허벌리스트로서 강연이 있을 때마다 올바른 제품의 선택을 위해 제시하는 세 가지 기준을 함께 나누어 보고자 한다.

첫 번째는 바로 화장품의 성분이다. 성분의 중요성을 이야기하는 하나의 사례가 있다. 엘리자베스 1세에 관한 이야기이다. 언제나 기품 있고 화려한 모습을 유지하려 했던 여왕에게는 어린 시절, 천연두를 앓았던 흔적이 있었다. 얼굴에 생긴 흉터는 늘 마음에 불편함을 주었을 것이다. 여왕은 백연가루로 곱게 화장을 하며 흉터를 가렸다. 하지만, 시간이 흐를수록 백연가루에 함유된 납 성분에 의해 얼굴색은 핏기가 없어져 갔고 마침내 푸른빛으로 변했다고 한다.

당시 여왕은 패션의 아이콘으로서 뭇 여성들에게는 선망의 대상이었다. 여왕의 외모를 따라 하고 싶은 일반 여성들에게도 백연가루는 필수 아이템이었을 것이다. 하지만 그 결과는 참혹했다. 백연가루로 많은 이가 사망했기 때문이다. 아름다움을 향한 어리석은 욕망이 빚어낸 참극이었다. 국내에서 한때 날개 돋친 듯 팔렸던 최초의 화장품 박가분이 시대 속으로 사라지게 된 것도 바로 납 성분으로 인한 부작용 때문이었다.

현대의 뷰티 산업은 안전하고 건강한 천연 화장품을 표방하고 있다. 소비자들은 날로 스마트해지고 있고, 더 이상 맹목적 아름다움을 위해 목숨을 담보하는 일은 없다. 소비자들은 이제 제품의 전 성분을 보기 시작했다. 화학 성분을 최대로 배제한 제품이 인기를 누리고 있는 이유가 여기에 있다. 제품을 살 때 성분 하나하나 꼼꼼하게 확인하고 구매하는 컨슈니어(Consuneer)가 새로운 트렌드로 떠올랐다. 전문가 못지않은 수준의 정보를 보유한 소비자들을 뜻하는 '컨슈니어'라는 신조어는 이런 추세를 잘 반영해주고 있다.

시중의 다양한 자연주의 화장품들이 천연과 식물성 원료를 앞세웠다고 모두 다 좋을 순 없다. 자연주의 트렌드에 발맞추어 무임승차를 시도하는 제품들이 있음을 경계해야 한다. 내가 지금 사용하고 있는 화장품 속에 어떤 성분들이 들어있는지 화장품의 뒷면, 전 성분을 확인하는 습관을 기르자.

둘째, 많은 것이 꼭 좋은 것은 아니다. 자연주의 제품들이 성행하면서 허브와 그 허브의 유효작용을 내걸고 홍보하는 제품들을 손쉽게 찾아볼 수 있다. 시중에 판매되는 제품 중에는 몇십 가지 허브 성분이 들어있는 것들이 있다. 아무리 좋은 성분이라 할지라도 너무 많은 원료가 혼합될 경우, 제품 본연의 목적이 흐려질 수도 있으며, 무엇보다 각각의 허브 원료들이 제 역할을 할 수 없을 정도로 소량이라는 것이다. 또한 제품 사용 후 문제가 발생할 때 어떤 성분이 문제인지 역추적하기도 어렵다. 허벌리스드들도 제품을 디자인하면서 동시에 3가지 이상의 허브 원료를 사용하는 경우가 별로 없다.

또한 아무리 천연 제품을 사용한다고 해도 많이 바르는 것이 꼭 좋은 것만은 아니다. 과유불급(過猶不及)이란 말이 있다. 아무리 좋은 음식도 많이 먹으면 체하듯 화장품도 지나치게 많이 바를 경우 피부의 자생력을 해칠 수 있기 때문이다. 한때 건강을 위해 유행했던 간헐적 단식처럼 피부의 자생력을 키울 수 있도록 피부에도 건강한 '단식'이 필요한 이유이다.

셋째, 먹는 것이 아름다움의 기본이다. 사람은 먹지 않고 아름다워질 수 없다. 잘 먹는다는 것은 아름다워지는 것의 시작일 것이다. 바로 요즘 강조되고 있는 이너뷰티(Inner beauty)의 기본 개념이다. 눈에 보이는 피부뿐만 아니라 몸속 건강을 챙겨 피부의 근본적인 문제를 해결하자는 것이 이너뷰티가 추구하는 목표이다. 다양한 이너뷰티 제품들이 시장에 출시되고 있으며 가격도 종류도 천차만별이다. 그중 많은 제품들이 항산화 기능을 강조하고 있는 것을 보게 된다. 하지만 항산화 기능을 앞세우며 과대 포장된 값비싼 제품을 사지 않아도, 집에서 간편하게 누릴 수 있는 방법들은 얼마든지 많다. 어떤 방법들이 있을까?

우리가 쉽게 접할 수 있는 로즈마리 허브를 생각해 보자. 청량한 향과 깔끔한 맛이 일품인 로즈마리에는 비타민 A, C와 로즈마린산이 풍부하게 함유되어 있다. 로즈마린산은 뇌 기능과 기억력 향상에 도움을 주는 것은 물론 우리 몸의 활성산소를 제거해 노화를 막아주는 항산화 역할이 뛰어난 파이토케미컬이다. 로즈마리

한 티스푼(2~4g)을 250mL 정도의 끓는 물에 넣고, 10~15분 뚜껑을 닫고 우려보자. 이렇게 준비된 허브티 한 잔에는 로즈마리가 가지는 유효성분과 영양성분이 가득 담겨있어 어떤 이너뷰티 제품보다 효과적이다. 마시고 남은 로즈마리 허브티가 있다면, 피부 스킨이나 팩으로도 사용해보자. 로즈마리 허브티 한 잔만으로 훌륭한 이너뷰티를 취한 셈이다.

사람은 자연이다. 그리고 자연은 식물에서 시작된다. 우리가 자연을 만나면 그것이 아름다움의 시작이 될 수 있다. 오늘은 허벌리스트가 전해준 세 가지 아름다움의 비결을 한번 실천해 보는 것은 어떨까?

일곱 번째 이야기

그나마 다행이야

"행복의 사전적 의미를 보자.
한문으로 다행 행(幸)과 복 복(福)자로 이루어져
행복(幸福)은 '만족감을 누릴 줄 알 때 그것이 복이다.'라는 뜻이 된다.
단어 그 자체만을 가지고 본다면 우리가 일상생활에서
만족감이 없이 산다는 것은 불행하다는 것이 아닐까?"

남 미 영

국제 허벌리스트이며, 유아 교육 전문가이다. 그린스텔라 아뜰리에 대표로서,
제품 디자인 활동을 하고 있으며, 자신의 길을 찾는 젊은 청춘들에게
새벽별 스텔라와 같이 식물의 가치를 나누고 있다.

칙위드(Chickweed), 초록의 샛별

"한 발짝 물러나면 생은 꽃이 되고, 하늘에 오르면 반짝이는 별이 된다. 두 발짝 물러나 바라보면, 꽃은 별처럼 반짝이고, 별은 꽃처럼 아름다워진다." 내가 좋아하는 김윤헌 시인의 '개별꽃'이라는 시의 한 구절이다.

혼자 가만히 밤하늘의 별을 바라보면 어릴 적 아련한 추억이 하나, 둘 되살아나 기분이 좋아진다. 어쩌면 별은 우리에게 꿈이고, 미지의 세계이며 아련한 추억이 아닐까 하는 생각이 든다. 문득 지난날이 떠오른다. 여고 시절 짝사랑의 대상이기도 한 선생님을 중년이 된 후에 우연히 찾아뵙게 되었고, 그 이후에 가끔 시간이 될 때면 선생님과 차 한 잔을 마시며 좋은 이야기를 많이 나누곤 하였다. 한번은 일과 사람과의 관계에서 힘들어하는 나를 보시던 선생님이 사람이 겪는 고통은 신이 그를 크게 쓰려고 시험을 하는 것이며, 그 고통은 그 사람이 충분히 감내할 수 있는 만큼만 준다고 위로를 해 주셨다. 그날 이후 삶이 힘들 때마다 떠올리게 되는 선생님의 말씀은 힘든 순간에 위로가 되어 주곤 한다.

추억이라는 꽃말을 가진 '별' 모양의 식물이 있다. 영어로 칙위드(Chickweed)라고 한다. 칙위드는 꽃잎 5장을 가지고 있는데, 각각의 꽃잎들은 두 갈래로 깊게 갈라져 있어 10장의 꽃잎처럼 보인다. 그 작은 꽃잎들이 마치 하늘에 반짝이는 별처럼 보인다 하여 '별꽃'이라 불린다. 이름이 아름다운 풀들도 많이 있지만, 별꽃처럼 예쁜 이름을 가진 식물은 흔치 않을 듯하다.

칙위드는 유럽이 원산지로 가을과 봄에 잘 자라며 추위에도 강하다. 서늘하고 그늘이 드리워진 곳이면 어디에서나 뿌리를 내리는 한해살이풀인 칙위드는 종종 잡초로 여겨지기도 한다. 꽃잎이 작아서인지 유독 병아리들이 좋아하는 식물로도 알려져 있는데, 칙위드라는 이름도 Chick(병아리)과 Weed(잡초)의 합성어로, 닭이 많이 먹는다는 식물이라는 의미에서 유래되었다.

칙위드는 주변에서 쉽게 볼 수 있고 번식이 뛰어나다 보니 사람들에 의해서 존재감 없이 많이 밟히기도 하고, 농부들에겐 골치

아픈 잡초로 여겨지며 열악한 환경 속에서 자라난다. 그런데도 칙위드는 강인한 생명력으로 살아남는 몇 안 되는 식물 중 하나로 예로부터 식용은 물론 약용으로도 사용되었다. 현대인들은 안전한 먹거리와 천연 식물성 제품에 관심이 많은데, 대부분의 식용 허브가 그러하듯 칙위드도 파이토케미컬과 같은 유효성분들이 풍부하며, 건강에 도움이 되는 다양한 유효작용들을 지니고 있다. 비타민 B군과 비타민 C 와 D, 그리고 철분, 칼슘, 나트륨, 아연, 마그네슘, 인, 칼륨 등의 미네랄을 함유하고 있으며, 허브 차나 샐러드, 건강식품과 다양한 요리에도 활용될 수 있다.

해외에서는 주로 칙위드 어린잎을 요리에 많이 사용하고 있다. 싱싱한 어린잎을 올리브오일과 함께 사용하여 맛있는 페스토(pesto)를 만들어 먹기도 하고, 신선하게 어린잎을 그대로 즙을 내어 마시기도 하며, 다른 허브들과 함께 샐러드 건강식에 사용하기도 한다. 신선한 허브들을 사계절 내내 구할 수 없기 때문에 대부분 특별한 건조과정을 통해 보관할 수 있도록 드라이 허브(Dry Herb)로 사용하고 있다.

드라이 허브는 언제든지 사용할 수 있다는 장점이 있어, 허벌리스트와 같은 전문가들은 다양한 제품을 디자인하는 데 주로 사용하고 있다. 가장 일반적인 드라이 허브의 활용법은 티(Tea)로 마셔보는 것이다. 칙위드를 티로 마실 경우에는, 다른 허브티와는 다르게 뜨거운 물을 사용하면 비릿한 맛을 낼 수 있으므로, 찬물을 이용해 우리는 것을 추천한다. 건조된 칙위드 1~2g에 차가운 물 200~250mL로 충분히 우려낸 후, 하루 2~3회 정도 마셔보는 것도 좋을 것이다.

칙위드는 내부 섭취를 위한 음식에만 사용되는 것이 아니다. 아름다움을 추구하는 미용 제품에도 사용될 수 있다. 최근 들어 국내에서 판매되는 화장품에서도 그 이름을 자주 볼 수 있다. 해외에서 칙위드는 피부를 보호하고 진정시켜주는 용도로 널리 이용되고 있으며, 현재까지 피부 건강에도 다양하게 사용되는 허브이다. 오랜 세월 약용식물로도 사용되어 왔기에 칙위드는 피부가 가렵거나 건조한 경우, 피부에 가벼운 자극이나 트러블이 있는 경우에도 활용할 수 있다. 해외에서는 올리브 오일과 칙위드를 사용하여 피부에 바르기도 하고, 목욕 시 입욕제로 사용하기도 한다.

칙위드는 특별한 의미로 내게 찾아와 개인적으로도 새로운 인생의 터닝포인트를 만들어 준 허브이다. 늦은 나이에 허벌리스트의 길을 시작할 때 은사님으로부터 받은 선물이기 때문이다. 허벌

허벌리스트가 추천하는 칙위드 샐러드

- 신선한 프레쉬 칙위드 잎 2컵, 아보카도 1개, 방울토마토 10개, 견과류 2 테이블스푼으로 칙위드 샐러드를 위한 재료를 준비한다.

- 다진 마늘 1 테이블스푼, 1/4컵의 엑스트라 버진 올리브오일, 천연 사과 식초(ACV) 2 테이블스푼, 그리고 레몬즙과 꿀을 각각 1 테이블스푼 준비하고, 약간의 소금과 레몬 껍질을 추가하여 샐러드드레싱 소스를 만들어 본다.

- 준비된 샐러드 재료를 먹기 좋게 썰고, 샐러드 소스를 뿌리면 오케이

- 칙위드의 유효성분과 유효작용이 궁금하다면 전문가와 상담하기

리스트의 공부를 마치고 인생의 후반전을 위한 방향을 묻고 있을 때, 은사님은 내게 칙위드를 상징적인 식물로 주시며 '그린스텔라(Green Stella)'라는 닉네임도 함께 지어 주셨다. 스텔라(Stella)는 샛별이다. 샛별은 말 그대로 초저녁 제일 먼저 뜨고, 미명의 새벽 아침까지 밝은 빛을 비추는 금성을 의미하기도 한다. 어두운 밤 자칫 길을 잃기 쉬운 나그네들에게 밝은 빛으로 방향을 제시하며 길잡이 역할을 한다.

아뜰리에를 찾아오는 고객 중에는 자신의 길을 찾으며 인생의 방향을 묻는 청춘들도 있다. 그들에게 조금 먼저 인생을 살아가는

선배로서 나는 '이름 모를 풀'은 있어도 '이름 없는 풀'은 없다고 말해주곤 한다. 이름 모를 풀과 같던 내 삶도 식물을 공부하고 자연의 지혜를 배우며 잃어버렸던 이름을 다시 찾게 되었기 때문이다. 허벌리스트로서 다양한 식물들을 접하다 보면, 식물에 잡초가 없듯이 사람에게도 잡초 같은 인생이 없다는 것을 깨닫게 된다. 저마다 다른 모양과 색상들을 지니고 태어나는 사람들이지만, 다르다는 것이 그 사람의 가치를 평가하는 절대기준이 될 수는 없다고 생각하기 때문이다.

칙위드는 이제 내 삶의 이정표가 되었다. 가끔 나도 일이 힘들고 삶이 지쳐 방향을 잃어버릴 때가 있다. 그럴 때마다 허벌리스트로서 내게 주어진 새로운 이름 '그린스텔라'를 생각한다. 언제나 변함없이 낮은 그곳에서 밝은 빛으로 저마다의 길을 비추어주는 샛별, 내 인생의 후반전은 그렇게 샛별을 닮아가고 있다.

7人 7色의 국제 허벌리스트가 들려주는 삶의 소소하고 확실한 행복 이야기

내 나이가 어때서

"제 마음의 스승님! 새해에도 건강하시고 많이 행복하시기를 기도합니다."

어느 농업기술센터에 문화강좌를 통해 강사와 수강생의 인연으로 만나 함께 공부했던 한 분은 나를 '스승님'이라고 칭하며 때마다 인사를 전한다. 그런 그분의 마음이 감사하고 근황이 궁금해서 오늘은 오랜만에 전화 통화를 했다. 인생의 장년기를 훌쩍 넘어서는 연세이지만 여전히 전화하면 밝은 목소리로 나를 대해 주신다. 최근에는 꽃차 관련 교육 과정을 수료했다는 반가운 소식과 함께 한가지 고민이 있다는 말씀을 하셨다. "배워 둔 꽃차 수업을 직접 진행하려고 보니, 학벌과 전문지식이 부족해서 누군가를 가르친다는 것도 두렵고, 스승님처럼 국제 허벌리스트 과정을 공부하고 싶기도 한데, 지금 내 나이에 영어도 어렵게 느껴져 엄두가 나지 않아요". 이분의 근심 어린 고백이 내게는 깊은 공감으로 다가왔다. 내가 마찬가지로 그러했기 때문이다.

매 순간 열정과 보람으로 열심히 일하며 젊은 시절을 보냈다. 중년을 넘어 인생의 무게를 느끼는 나이가 되어보니, 어느 순간부터 삶의 모든 일이 무겁고 견디기 힘들게 느껴졌다. 갱년기 때문이라 생각도 해보았지만, 그것만으로는 받아들이기가 어려웠다. 변함없이 다람쥐 쳇바퀴 돌 듯 반복되는 바쁜 일정과 긴장감으로 내 성격은 점차 예민해지고, 어느 순간 숨조차 쉴 수 없이 힘들어 지는 모습에 오랫동안 해왔던 사업을 접었다. 돈을 벌고 경제적으로 여유 있는 삶을 위해 시작한 사업이지만 결국 내가 좋아하는 일을 하며 인생의 후반부를 보내고 싶다는 마음은 더욱 간절하게 다가왔다.

어린 시절부터 자연을 좋아하고 숲을 좋아했던 터라 먼저 식물성 오일을 다루는 아로마테라피를 공부하게 되었고, 나만의 공방도 열며 즐겁게 지내게 되었다. 그러나 식물성 오일을 다루는 교육과정을 마치고 강좌를 진행하며 점차로 늘어나는 질문들과 궁금함은 배움에 대한 갈증으로 이어졌다. 식물에 대하여 좀 더 깊이 체계적으로 배울 수는 없을까? 하지만 그 당시만 해도 전문적으로 허브라는 식물을 교육하는 기관이 국내에는 없었다. 해외에 나가서 배워야 할까 생각도 했지만, 가정을 가진 중년의 엄마로서 도저히 엄두가 나지 않았다.

그러던 중 우연히 국내에서도 허브 전문가를 양성하는 교육과정이 시작되는 소식을 접하고 너무도 기뻤다. 하지만 선뜻 시작을 할 수는 없었다. 과연 나 자신이 진정으로 원하는 공부인지, 무엇보다 내가 그 과정을 마치고 시험에 합격할 수는 있을지 확신이 서지 않았기 때문이다. 무엇보다 스스로에 대한 두려움과 의심이 점차 크게 느껴졌다. 내 나이에 공부하는 사람은 있을까? 같이 공부하는 동기들이 어린 사람들일 터인데 내가 오히려 뒤처지며 방해가 되지는 않을까? 영어를 많이 사용하는 공부라고 하는데 어쩌나, 이런저런 핑계 아닌 극복해야 할 마음의 장벽들로 첫걸음을 내딛기까지는 오랜 시간이 걸렸다.

2012년 겨울, 오랜 망설임 끝에 나의 도전은 시작되었다. 서울의 매서운 찬바람을 맞으며 열심히 수업에 참여했다. 기차에 몸을 싣고 서울과 경상도를 오고 가며 공부 외에는 아무것도 생각할 수 없었다. 생소한 용어들과 방대한 학습량도 버거웠지만, 공부하고 이해했던 내용을 뒤돌아서 잊어버리곤 하여 늦은 나이에 공부를 한다는 것이 어렵다는 것도 실감하였다. 조금만 더 젊었더라면, 조금만 더 빨리 시작했더라면 하는 아쉬움으로 시작했던 공부가 일년 만에 결실을 보게 됐다. 시험에 합격하고 졸업식에 참석하는 날은 지금도 내 인생의 잊지 못할 추억으로 남아 있다. 진정으로 좋아하고 행복한 길을 드디어 찾았기 때문이다.

공부 하는 동안 식물 하나하나에 감추어진 가치들을 배우며 너무도 즐거웠다. 씨앗이 땅에 떨어지고, 잎을 내고 꽃을 피우며 성장해 나가는 과정에서 사람의 인생과 같은 모습도 보았다. 영양학을 공부하며 식물자원의 소중함을 알게 되면서 지나가는 길가에 피어난 이름 모를 들풀 하나에도 소중함을 느끼곤 했다. 하루는 수업 중에 이런 질문을 받았다. "여러분의 삶이 자동차를 타고 가는 인생이라면, 여러분은 운전자인가요 아니면 탑승자인가요?" 뭔가 철학적인 질문이었지만 그 질문이 나의 삶을 되돌아 바라보는 계기가 되기도 했다.

한국에서 내 나이 또래의 여성들이 대부분 그러하듯이 당연히 나는 엄마이고 아내이니 가족들이 내 삶의 최우선 순위라고 생각했었다. 남편과 아이들의 생활 패턴과 일정에 내 삶을 맞추어 사는 것이 당연하다고 믿었기 때문이다. 하지만 중년의 나이로 접어들며 내 마음 깊이 내 인생이 무엇인지, 내가 사는 이유가 무엇인지 회의가 들기도 했던 것이 사실이다. 그저 참고 인내하며 사는 것이 당연하다 믿었던 그때 내게는 이러한 질문이 매우 충격적으로 다가왔다.

맞다. 내 인생의 자동차에 나는 늘 탑승자의 모습이었다. 내 인생의 운전석에 남편을 앉히거나 아이들을 앉히고는, 남편 때문에 산다고 아이들 보고 산다고 말하던 내 모습을 보았다. 엄마이며 아내이지만 그 무엇보다 중요한 것은 나 또한 내 인생의 운전자로 책임과 의무가 있다는 것이다. 내가 운전석에 앉아 있어야 한다는 것과 그것이 내 가족의 건강과 안전을 위해서도 중요한 의미를 지닌다는 것을 생각해보면서 내가 공부하고 일하는 것의 의미를 다시 깨닫게 되었다.

언젠가 후배 허벌리스트가 나를 보면 '신념, 열정, 도전'이라는 3가지 단어가 연상된다고 표현했다. 하나에 꽂히면 꼭 해봐야만 직성이 풀리는 경상도 아지매의 고지식한 면이 타인의 눈에는 열정 많은 사람으로 비친 듯하다. 열정은 노력에서, 노력은 이루고 싶은 간절함에서 시작되는 것이라 나는 생각한다. 누군가 내게 살아가면서 잘했던 일이 무엇이냐 묻는다면 여러 가지가 있겠지만,

그중에서 허벌리스트의 길을 향해 첫걸음을 떼었던 결정을 빼놓을 수는 없을 것 같다. 누구에게나 매 순간 어떤 선택을 해야 하는 계기가 오고, 자신이 결정한 것에 책임을 져야 한다고 생각한다.

지금도 나이 어린 후배들과 여러 가지 프로젝트를 함께 진행하며, 나의 미숙함과 부족함에 당황스러움을 느낄 때가 많다. 해보지 않았던 일에 대한 서투름과 그동안 잘하고 있다고 생각했던 일들이 실은 많이 부족했다는 생각에 속상하고 스트레스도 많이 받곤 한다. 하지만 나이와 처한 환경을 탓하며 시도조차 못 하는것보다는 부족한 나를 인정하고 느리더라도 나만의 속도로 최선을 다하는 것이 옳을 것이다. 식물이라는 공통의 관심사를 가지고 한자리에 모인 이들과 함께 연구하고 공부하다 보면 지금의 내 나이를 잊어버리게 된다. 세월을 잊고 사는 내 모습 속에서 나의 인생은 즐겁고 충분히 의미 있는 삶이 되어 가고 있다고 믿는다.

오늘 통화를 나눈 수강생 그분도 늦은 나이지만 여전히 배움에 대한 열정으로 가득 차 있다. 끊임없이 자신을 가꾸어 가는 모습이 아름답게 느껴진다. 그분의 근심 어린 하소연에 나는 나의 이야기를 잠시 들려주었다. 중요한 건 '간절함'이라고, 학벌이나 나이보다 간절함이 모든 것을 이룰 수 있도록 해준다고 말이다. '그것 때문에'라는 말보다는 '그런데도' 내가 해야만 하는 간절한 이유를 찾게 된다면 그것으로 시작할 수 있다고 말이다. 그리고 시작하면 결국 그 시작의 끝에 도착해 있는 자신을 보게 될 것이라고. 그렇게 나도 모를 자신감으로 그분과 함께하고 싶었다.

올해 가장 귀한 선물을 받았다며 감사를 전하는 그분과의 통화를 끝내고, 나도 스스로 다짐을 해본다. 새해에는 내 인생의 스케치북에 아름다운 그림 한 편을 추가해 보고 싶다고. 나만의 색으로 내가 원하는 그림으로 채워진 멋진 작품을 만들어 보리라.

7人 7色의 국제 허벌리스트가 들려주는 삶의 소소하고 확실한 행복 이야기

누구를 위한 카페인가

프로젝트 과제를 위해 대학가 근처 프랜차이즈 카페를 방문했다. 1층은 주로 미팅을 하는 사람들로 북적이고, 2~3층은 나처럼 공부하는 사람들로 늘 붐빈다. 그들의 모습을 잠시 살펴보니 배고픔을 채울 수 있는 디저트와 커피 한 잔이 눈에 들어온다.

커피전문점을 이용하는 소비자들의 목적이 과거와는 많이 달라진 것을 느낀다. 커피를 마시기 위해 이용하기도 하지만, 업무나 공부, 미팅, 회의 등 공간 이용을 목적으로 방문하기도 한다. 커피는 현대인의 일상에 함께 하는 필수품이 되어가고 있다. 아침에는 활기찬 하루를 시작하기 위한 모닝커피, 점심에는 나른한 오후의 잠을 깨기 위해, 저녁에는 지친 나를 위해 혹은 식사 후 디저트로 커피 한 잔을 하는 사람도 많아졌다. 대한민국은 가히 커피 공화국이라 말할 수 있겠다.

카페산업에 관심이 많은 나는 다양한 메뉴개발 관련 연구와 디자인 프로젝트에 참여하고 있다. 커피가 주류를 이루고 있는 한국의 카페산업을 보면 카페인 음료가 메뉴의 주를 이루고 있다. 물론 카페산업 이전에도 커피음료는 애용되고 있었다. 커피믹스라고 부르는 인스턴트커피는 80~90년대 최고의 인기를 누렸었다. 2000년대 이후 원두커피 시장이 열리면서, 지금은 에스프레소를 기반으로 하는 다양한 메뉴가 개발되었다. 우유와 휘핑크림, 시럽 등을 첨가해서 먹는 다양한 형태의 커피음료에서부터, 주스, 허브티, 디저트 메뉴를 갖추고 소비자의 취향대로 골라 먹는 재미와 편안함을 내세운 프랜차이즈 카페까지 빠르게 발전하고 있다.

최근에는 기존의 커피 메뉴와 차별화하기 위하여 고급 프리미엄 메뉴들이 등장하고 있다. 카페마다 자신들을 대표하는 메뉴를 선보이고 있으며, 홍차와 녹차를 중심으로 하는 차(茶)음료 메뉴들도 크게 주목을 받고 있다. 음료와 함께 제공되는 사이드 메뉴는 이제 더는 부가적인 메뉴가 아니다. 프리미엄 커피와 함께 선택 가능한 디저트와 케이크, 샌드위치와 같은 브런치 메뉴들은 또 하나의 수익모델이 되어가고 있다. 새로운 건강 메뉴로 최근 주목을 받는 부분이 과일과 채소를 중심으로 하는 주스 음료와 다양한 허브를 블렌딩한 건강 음료들이다.

카페산업의 증가로 소비되는 식물성 원료들도 지속해서 증가하고 있다. 일례로 커피의 원두 소비량도 해가 갈수록 늘어가고 있어, 성인 1인당 연간 커피 소비량이 400잔을 넘어가고 있다. 물론 소비자의 수준과 입맛도 높아져 커피를 단순하게 마시는 음료의 개념에서 소비자가 직접 참여하는 취미와 즐기는 개념으로 재해석하고 있다. 원두를 직접 고르고, 산지 특유의 풍미를 느낄 수 있는 스페셜 티나 커피를 준비하고 즐기는 시간. 음료를 스스로 준비하는 시간조차 자기 삶의 일부이며 행복이라 생각하게 되는 카페문화로 발전되어 가고 있다. 개인적으로 반가운 소식이라 생각된다.

인생의 짧은 행복, 티타임(Tea-Time) 문화가 정착되어 가는 것이 아직은 커피에 국한되어 있지만, 점차 다른 건강음료로 확산될 것이라 믿는다. 왜냐하면 카페인 음료는 그 규모가 크지만 '건강'이라는 주제에서는 아직도 많은 논란이 이어지고 있기 때문이다. 커피는 건강에 도움이 될까? 또는 건강에 해로운 건 아닐까? 커피의 유해성 논란의 중심에는 늘 카페인이 있다. 식품의약품 안전처에서 임산부는 1일 300mg 이하, 즉 연한 아메리카노를 1~2잔 정도 마셔도 된다고 권고하고 있지만, 대체로 전문가들은 임신 중 커피음료는 삼갈 것을 권고하고 있다.

세계보건기구의 카페인 1일 섭취 권고량은 성인 400mg 이하로 보통 아메리카노 커피 2~3잔 정도에 해당하지만, 카페인이 커피음료에만 들어 있을까? 우리가 일상에서 섭취하는 콜라와 탄산음료들, 초콜릿과 카카오 제품들, 홍차와 차 음료들, 그리고 에너지 드링크 제품들까지 생각해야 할 필요가 있다. 한가지 제품에 함유된 카페인 함량만을 판단하여 제품의 판매 승인이나 허가를 결정하겠지만, 일상에서 일반 소비자들의 하루 카페인 섭취량은 그리 간단하게 계산될 수는 없을 것이다.

최근 한 연구기관에서 커피를 마시는 이유에 대한 설문조사를 한 적이 있다. 주로 습관처럼 마시거나, 잠을 깨기 위해 마신다는 답변이 가장 많았다. 커피가 맛있어서, 또는 휴식시간을 가질 공간이 딱히 마땅하지 않아 카페에 가는 경우 선택 가능한 다른 메뉴가 없어서 커피를 마신다는 응답도 적지 않았다. 개인적으로도 매우 공감되는 조사 결과라고 생각한다. 주변에서도 잠을 깨기 위해, 아침에 진한 커피 한잔을 마시는 사람들을 자주 보게 된다. 아쉽게도 커피에는 잠을 깨우는 효과가 없다. 카페인의 각성작용을 마케팅에 활용한 사례일 뿐이다. 신경계의 각성 효과는 얻을 수 있으나 신체의 피곤함은 가중될 수 있다. 신장과 간 그리고 내부 심혈관계에 미치는 영향은 다양한 연구결과를 통해 밝혀지고 있다.

카페인의 또 다른 이면에는 카페이니즘(Caffeinism)이라는 중독효과를 무시할 수 없을 것이다. 원두커피의 향기는 우리가 커피를 마시는 이유 중의 하나이다. 잠에서 깨어나 몽롱한 느낌이 들 때, 점심 식사 후 나른함을 느낄 때마다 카페에서 퍼져 나오는 진한 커피 향은 우리의 발걸음을 멈추게 만든다. 카페인 성분은 마실수록 증가하는 경향이 강하기 때문에, 그 섭취량이 줄어드는 경우는 거의 없다. 이러한 카페인 섭취량의 증가는 오히려 몸을 더욱 피로하게 만드는 원인이 되기도 한다. 누군가는 에너지를 얻기 위해 카페인 음료를 섭취하기도 하지만, 카페인은 우리에게 에너지를 주지 못한다. 오히려 에너지를 과다하게 소비하게 만드는 성분 중에 하나라고 할 수 있다. 카페인 섭취량에 이제는 조절이 필요한 이유다.

커피 중심이던 카페 시장에서 차(茶)가 존재감을 드러내고 있는 추세이다. 웰빙과 힐링이 사람들의 관심 코드가 되면서 맛을 중요하게 생각하는 것은 물론, 이제는 건강을 함께 생각하며 음료를 선택하는 소비자들이 크게 늘고 있기 때문이다. 내 몸을 위한 건강과 맛을 중시하는 고객층이 웰빙 시장의 주도권을 잡아가고 있다. 독특한 분위기와 맛으로 승부를 겨루는 티 전문점들이 생겨나고 있으며, 기존 커피 메뉴에 집중하던 카페들 역시 차 음료 시장에

뛰어들고 있다.

　차 음료 시장이 확대되면서, 다양한 허브티(Tea)메뉴들도 개발되고 있다. 허브에 대한 관심도 늘어가면서 최근에는 스스로 허브 원료를 원산지에서 구매하고, 직접 블렌딩하거나 준비하여 마시는 마니아층도 생겨나고 있다. 허브티가 점차 사랑을 받는 큰 이유는 카페인이 없는 메뉴개발이 가능하고, 다양한 식물성 원료들로 메뉴개발에 차별화가 가능하다는 점이다. 강하지 않는 맛으로 예전에는 외면을 받았던 음료였지만, 건강을 중시하는 최근 트렌드에 발맞추어 건강은 물론 맛도 좋은 허브 음료들이 다양하게 개발되고 있다.

　허브 원료를 다양하게 활용하여 제품과 메뉴를 개발하는 허벌리스트는 직업상 허브티로 하루를 시작하고 마무리할 정도로 자주 접하는 음료이다. 허브티를 준비하는 방법에도 약간의 성의가 필요하다. 이왕 마시는 음료인데 제대로 마셔보는 것이 필요하지 않을까? 허브티는 허브가 지니고 있는 유효성분들을 비교적 안전하고 효율적으로 섭취하는 방법이다. 기본적으로 허브마다 사용해야 하는 적정 용량이 있지만, 가장 일반적인 방법으로는 250mL 정도의 머그잔에 적정량의 허브를 넣고, 뜨거운 물 200~220mL를 통해 우려보는 것이다. 물론 당연히 뚜껑을 덮고 10~15분 정도 준비한다. 충분히 우려진 허브티 한 잔에는 우리가 생각하는 그 이상의 다양한 천연성분들과 영양성분들이 함유되어 있어. 건강은 물론 미용에도 도움을 줄 수 있다.

우리가 흔히 마시는 캐모마일과 페퍼민트 허브티에도 이러한 건강함이 들어있다. 캐모마일 허브티는 속이 더부룩하거나, 소화가 잘 안 될 때, 혹은 신경이 예민해져 있을 때 추천하고 싶은 허브티이다. 물론 소화에만 도움이 되는 것이 아니라 스트레스 완화에도 도움을 줄 수 있다. 페퍼민트는 특유의 청량감과 상쾌함을 전해주는 멘톨(Menthol) 성분이 함유되어 있어, 식후 소화에 도움을 주거나, 나른한 오후에도 잘 어울리는 허브티이다. 패스트푸드나 기름진 음식을 섭취했을 때, 저녁에 부담되는 야식으로 속이 불편할 때도 페퍼민트 허브티를 추천하고 싶다.

카페는 바쁜 일상 속에서 피로와 스트레스로 지쳐 있는 현대인들의 쉼터가 되어야 한다고 생각한다. 단순히 음료를 마시는 공간이 아니라 그곳에서 건강과 행복을, 쉼과 여유를 느낄 수 있어야 한다. 적어도 내 개인적으로 생각하는 카페는 그러한 쉼터이다. 한 잔의 음료에도 카페 주인의 마음이 담겨있어야 한다. 고객들은 더 이상 바보가 아니다. 자신들을 위해 음료를 준비하는 그 마음을 충분하게 느끼고 공감할 수 있다는 의미이다.

　카페에서 만나게 되는 한잔의 음료에 고객이 지불하는 가치는 음료의 가치만이 아니기 때문이다. 허벌리스트로서 카페메뉴를 개발하는 과정에서도 나는 이러한 카페의 가치를 담고자 노력한다. 물론 원가계산이나 비용들을 고려하면 쉽지는 않을 것이다. 하지만 카페를 오픈 한다면 다른 비즈니스와 달리 자신만의 철학과 책임도 생각해 봐야 하지 않을까? 특히 식물의 가치를 고객들과 나누고자 한다면 더 말할 필요는 없을 것이다.

7人 7色의 국제 허벌리스트가 들려주는 삶의 소소하고 확실한 행복 이야기

그나마 다행이야

한국 심리학회에서 소속 심리학자 317명을 대상으로 '대한민국 고독지수'에 관한 설문조사를 진행한 적이 있다. "현재 대한민국은 얼마나 고독하다고 생각하는가?" 라는 질문에 심리학자들이 매긴 점수는 평균 78점으로 한국인들이 상당한 고독감에 시달린다고 진단을 내렸다.

이들은 한국 사회에서 고독감이 증가한 원인으로 개인주의의 심화를 가장 큰 원인으로 꼽았으며, 그 뒤를 이어 사회 계층 간 대립심화, 경제 불황의 장기화, 사회적 가치관의 혼란, 온라인 중심의 커뮤니케이션 변화를 제시했다. 고독감으로 파생하는 사회적 문제들로는 우울증, 자살, 고독사, 일 중독, 악성 댓글, 혐오범죄 등을 언급하였다. 사회문제와 어느 정도 관계가 있다고 생각하는가? 라는 질문에는 평균 83점으로 응답했다고 한다.

최근 카.페.인(카카오스토리, 페이스북, 인스타그램)이라는 신조어가 생길 만큼 소셜 네트워크 서비스(SNS) 사용이 일상화되면서 인간관계의 방식도 빠르게 변해가고 있다. SNS에서는 친구 신청을 해도 상대방이 수락해야 관계를 맺는 경우가 많으며 수많은 페친(페이스북 친구)을 맺고, '좋아요'와 이모티콘으로 소통해도 깊은 교감이 가능한 인간관계는 쉽지 않다. 경쟁적으로 인간관계를 늘려 많은 친구를 자랑하기도 하고, 반대로 너무 많은 페친을 삭제하며 '인맥 다이어트'를 했다는 사람도 쉽게 찾아볼 수 있다.

과거에는 주변 사람들에게 조금 더 양보하고 그들의 의견에 맞추어 주는 것이 미덕이었다면 이제는 개인의 취향이 강조되고 자신의 주장이 먼저 우선시되는 시대가 되어가고 있다. 사람과의 관계에 지쳐 나 홀로 삶을 추구하고, 누구에게도 간섭받지 않는 자유를 즐기지만 그 이면에는 고독감을 느끼는 사람들도 늘어나 사회적 고립감이 증가하고 그 악순환이 가속되어 가는 것은 아닐까?

나의 어린 시절을 되돌아보면 8남매의 막내로 태어나, 대가족 환경에서 형제들과 부대끼며 성장했다. 당시 우리 부모님은 먹고 살기가 바쁘다는 말처럼 늘 밤늦도록 장사를 하시며 바쁘게 사셨다. 넉넉한 형편은 아니었지만 바로 위의 언니, 오빠와 아옹다옹하며 다투기도 하고, 뛰어놀며 유년시절을 재미있게 보냈다고 생각한다. 많은 식구가 함께 모여 살았기 때문에 가족과 따뜻한 정을 나눌 수 있었고, 오히려 그래서인지 지금도 힘든 일이 있을 때에는 혼자 해결하기보다는 가족과 함께 먼저 이야기하고, 서로 의지하며 지낸다.

최근에도 극심한 스트레스와 인간관계의 실망감으로 우울감에 빠져 많이 힘들었던 적이 있다. 이때 힘이 되어 준 것도 가족들과 주변의 지인들이었다. 걱정 어린 눈빛으로 용기를 주는 남편과 일거수일투족 나의 기분을 살피고 웃게 하는 아들, 그리고 애교 섞인 목소리로 사랑한다고 안부 전화를 하는 딸, 기운 내고 힘내라며 위로하던 지인들. 어쩌면 그들이 내 곁에 있었기에 지친 몸과 마음을 추스를 수 있었는지도 모른다.

행복은 가족, 친구, 연인 등 인간관계의 만족감에서 오는 경우가 많다고 한다. 사람이 사는 세상에서 가장 중요한 것도 어쩌면 인간관계가 아닐까 싶다. 사람 인(人) 글자를 보더라도 알 수 있듯이 사람은 혼자 설 수도, 혼자 살 수도 없는 존재이니까. 사람의 탄생에도 남자와 여자가 있었고, 직장생활이 힘든 이유에도 일이 아닌 사람이 많고, 학생들이 학교를 떠나는 주요 이유도 공부가 아닌

또래 친구 때문인 경우가 많다는 것을 보면 이래저래 인간관계가 인생의 대부분을 차지하고 있다고 해도 과언은 아닌 것 같다. 인간관계는 개인의 건강에도 영향을 미친다. 건강한 인간관계는 개인의 건강은 물론 사회적 건강을 유지하는데 기초가 된다. 심리학자들이 우려한 사회적 문제를 근본적으로 줄일 수 있는 방법도 어쩌면 건강한 인간관계에서 그 실마리를 찾을 수 있지는 않을까? 우리는 누구나 행복을 원하지만 누구나 행복해지는 법을 알기는 어렵다. 그만큼 행복하고 건강한 삶은 가깝기도 하지만 멀게도 느껴지는 주제이다.

그럼에도 우리는 누구나 행복을 추구하고 행복해질 권리가 있다고 생각한다. 그렇다면 나는 그 답을 인간관계에서 찾아보고 싶다. 물론 세상을 살아가면서 만족할 만한 인간관계가 어디 있겠냐만은 그래도 그 안에서 행복해질 수 있는 답을 찾을 수 있다고 생각 한다. 내 어린 시절 많은 식구 속에서 사생활도 보호받을 수 없었던 환경과 간섭 많은 식구 때문에 짜증도 나는 시간이었지만, 결국 그 안에서 행복이라는 의미를 깨닫게 된 것을 보면 사람은 사람 속에서 함께 할 때 비로소 행복을 느낄 수 있다고 생각 한다.

하지만 좋아하는 사람들과 함께 하는 것만으로 행복이 거저 주

허벌리스트의 맛있는 허브티 만들기

- 캐모마일 허브티 한 컵을 준비하자. 천연 사과식초 ACV 1 티스푼과 꿀 2 티스푼을 넣어준다. 그리고 시나몬 가루를 살짝 뿌려보자. 새로운 캐모마일 허브티를 즐길 수 있다.

- 페퍼민트 허브티 한 컵을 준비하자. 레몬1개를 즙을 내어 넣고, 꿀과 얼음을 넣어보자. 여름 건강음료로 최고이다.

어지는 것은 아니라고 본다. 건강한 관계를 위해서 우리는 약간의 인내가 필요하며 행복이라는 단어의 참뜻을 생각해 볼 필요도 있다. 우리는 어려운 일을 만났을 때 "어휴, 그나마 다행이야", "참 다행이다"라는 말을 자주 한다. '다행이다'라는 의미는 "그 정도면 괜찮은 거야", '여기서 만족하는 것이 좋아'라는 의미로도 해석된다. 행복의 사전적 의미를 보자. 한문으로 다행 행(幸)과 복 복(福)자로 이루어져 행복(幸福)은 '만족감을 누릴 줄 알 때 그것이 복이다'라는 뜻이 된다. 단어 그 자체만을 가지고 본다면 우리가 일상생활에서 만족감이 없이 산다는 것은 불행하다는 것이 아닐까?

부족하지만 나를 둘러싼 인간관계에서 내가 스스로 자족하고 만족할 수 있을 때, "이 정도면 괜찮아", "그나마 다행이야"라고 스스로 생각 해 볼 시간을 만들자. 그때가 행복이라는 꽃잎이 싹트는 시작이 될 수 있다.

오늘도 행복해질 권리가 있는 모든 사람에게 이렇게 말을 건네보자. "그나마 다행이야"

허벌리스트 이야기

초판 1쇄 발행 | 2018년 6월 23일

지은이 | 남미영, 배경옥, 심미영, 윤서영, 강선호, 김형신, 방주연
발행인 | 유선옥
일러스트레이션 | 심미영 외(外)
편집 디자인 | 주은선
출판 마케팅 | 김소선, 김하민, 손희경

펴낸 곳 | (주)한국다이너퓨처
주소 | 서울시 서초구 방배천로 34길 2 J&J빌딩 2층

내용문의 | 02-3288-0388
구입문의 | 02-6952-0388
홈페이지 | www.파이토디자인.com

ISBN 979-11-953648-1-7(03190)

- 이 책은 저작권법에 따라 보호받는 저작물이므로 무단 전재와 무단 복제를 금하며,
  책 내용의 전부 또는 일부를 이용하려면 반드시 ㈜한국다이너퓨처의 서면 동의를 받아야 합니다.
- 책값은 뒤표지에 있습니다.
- 잘못된 책은 구입처에서 바꾸어 드립니다.

* 라에나무는 ㈜한국다이너퓨처의 출판 브랜드이며 상표권 보호를 받습니다.